K.
L.
A.
R.

Luisa Hartmann

Na und, dann sind die eben rechts!

K.
L.
A.
R.

Kurz – **L**eicht – **A**ktuell – **R**eal

Impressum

Titel **Na und, dann sind die eben rechts!**

Autorin Luisa Hartmann

Druck CS-Druck CornelsenStürtz GmbH, Berlin
Verlag Verlag an der Ruhr
Alexanderstr. 54 – 45472 Mülheim an der Ruhr
Postfach 10 22 51 – 45422 Mülheim an der Ruhr
Tel. 02 08/439 54 50 – Fax 02 08/439 54 239

ISBN 978-3-8346-0505-4

geeignet für die Klasse 6 7 8 9 10

Die Schreibweise der Texte folgt der neuesten Fassung der Rechtschreibregeln – gültig seit August 2006.

Begleitendes Unterrichtsmaterial:

K.L.A.R. – Literatur-Kartei:
„Na und, dann sind die eben rechts!“
Luisa Hartmann
Kl. 7–10, 64 S., A4, Papph.
ISBN 978-3-8346-0506-1
Best.-Nr. 60506

Über die Autorin

Ich heiße Luisa Hartmann und bin Kinder- und Jugendbuchautorin. Ich wurde 1958 in Nürnberg geboren; seit über 30 Jahren lebe ich mit meiner Familie in München. Bücher haben schon immer eine sehr wichtige Rolle in meinem Leben gespielt. Irgendwann beschloss ich, Autorin zu werden. Meine Vormittage sind ganz dem Schreiben gewidmet. Da das Geld, das ich damit verdiene, aber nicht zum Leben reicht, arbeite ich nachmittags in einem Büro.
In dem vorliegenden Buch geht es um das Thema Rechtsextremismus. Es ist ein sehr wichtiges Thema, auch wenn man sich kaum damit beschäftigen mag. Ich habe mich bei meinen Recherchen zu diesem Buch immer wieder gefragt: Wie kann es Menschen geben, die so denken, wie Carl und seine Freunde denken? Aber es gibt sie, und es ist wichtig, sie zu erkennen und richtig einzuschätzen.
Ich wünsche mir, dass du und deine Freunde und Bekannten, wer sie auch sind und woher sie auch kommen, euch

gegenseitig respektiert. So lauft ihr nicht Gefahr, ein Opfer von Rechtsextremen zu werden.
Trotz des schwierigen Themas wünsche ich dir viel Spaß beim Lesen! Wenn du Fragen dazu hast, kannst du mir gern schreiben.
Schicke deinen Brief an:
Verlag an der Ruhr,
z. Hd. Luisa Hartmann
Postfach 10 22 51
45422 Mülheim an der Ruhr.

Luisa Hartmann

1

„Es ist einfach nicht okay“, jammerte Kristin und schlürfte geräuschvoll den letzten Rest Eiskaffee aus dem Becher. „Immer muss ich mich um die Kleinen kümmern.“

„Wieso, was ist denn mit deiner Mutter?“, wollte Jana wissen.

„Die arbeitet jetzt“, antwortete Kristin. „Ist einerseits schon cool, weil endlich mal Geld da ist. Andererseits ist sie halt selten zu Hause. Und alles bleibt an mir hängen.“

Ihre Schwester Salima war vor zwei Monaten in die Schule gekommen. Und wer musste sich darum kümmern, dass sie am Nachmittag ihre Aufgaben erledigte? Natürlich Kristin. War ja klar. Und nächstes Jahr würde auch noch Karim dazukommen. Und wann hatte sie mal Zeit für sich?

„Wie ist denn das jetzt eigentlich mit Julian?“, wechselte die Freundin unvermittelt das Thema.

„Hmm“, machte Kristin. „Ich weiß auch nicht. Ich kann mich nicht entscheiden.“

Sie warf heimlich einen Blick hinüber zum Nachbartisch. Dort saßen fünf Jungs. Einer

von ihnen wirkte schon richtig erwachsen. Er war nicht so albern wie die anderen vier. Die schauten ihn auch richtig bewundernd an. Bei allem, was er sagte, nickten sie.
„Einen komischen Haarschnitt haben die“, dachte Kristin. „Sieht irgendwie brutal aus.“ Aber dem einen stand die Frisur. Er hatte so ’nen kantigen Kopf, der durch den Haarschnitt noch betont wurde. Er sah irgendwie total männlich aus.
Als er zu ihr herüberschaute, wurde Kristin rot. Sie wandte sich schnell ab.
„Julian nervt“, sagte sie zu Jana.
„Ich dachte, du magst ihn“, wunderte sich die Freundin.
„Ich mag ihn ja auch“, verteidigte Kristin sich. „Aber ich hänge immer nur mit ihm zusammen. Das ist doch nicht normal.“
„Wenn man sich mag, schon“, warf Jana ein.
„Wahrscheinlich“, brummte Kristin und warf einen Blick auf ihre Uhr. „Ich muss dann los“, sagte sie. „Salima kommt bald vom Hort nach Hause, Karim vom Kindergarten. Dann muss ich mich um die beiden kümmern.“
„Du hast es echt nicht leicht“, sagte Jana mitfühlend.

„Sei bloß froh, dass du keine Geschwister hast“, seufzte Kristin.
Die Jungs am Nebentisch riefen nach der Rechnung.
Während sie auf die Bedienung wartete, um auch zahlen zu können, schaute Kristin verstohlen zum Nachbartisch. Der Typ sah schon klasse aus. Wie alt er wohl war? Vermutlich schon 18 oder 19 ...
Er hob den Kopf und schaute sie direkt an. Kristin wandte sich verlegen ab. Aber sie hatte noch sein Lächeln gesehen. Ihr Herz pochte.
Janas Handy klingelte. „Philip“, hauchte sie nach einem kurzen Blick auf das Display. Kristin zog eine Grimasse. Jetzt hatte sie nichts mehr zu melden.
Die Jungs verließen lärmend das Café.
„Ich muss los“, sagte Jana und klappte das Handy zu. „Ich treff mich noch mit Philip.“
Sie schlenderten ebenfalls hinaus und verabschiedeten sich. Jana ging Richtung Fußgängerzone, Kristin nach Hause.

„Hey, warte mal“, rief plötzlich jemand hinter Kristin.
Ihr Herz begann zu rasen. Das war doch die Stimme von … Langsam drehte sie sich um. Tatsächlich! Der Typ vom Café stand vor ihr.
„Was willst du?“, fragte sie mürrischer als geplant. Er machte sie nervös.
„Entschuldige“, sagte der Junge, „dass ich dich einfach so anquatsche. Ich habe ein paar Fetzen von eurem Gespräch mitgehört. – Unfreiwillig!“, ergänzte er, als Kristin ihn böse anschaute. „Das Café ist ja ziemlich klein.“
Das stimmte. Kristin war etwas besänftigt.
„Hast wohl Ärger zu Hause?“, wollte der Typ mitfühlend wissen.
Kristin zuckte die Achseln. „Ärger ist zu viel gesagt“, meinte sie. „Eher viel Arbeit.“
„Ich heiße Carl“, sagte er und streckte ihr die Hand hin. „Mit C.“
„Kristin“, erwiderte Kristin und drückte kurz seine kräftige Hand. „Mit K“, fügte sie hinzu und lächelte.
„Freut mich“, sagte Carl und lächelte zurück.
Kristin wurde ganz flau im Magen. War wohl zu viel Eiskaffee gewesen.

„Ich muss los“, sagte sie.
„In welche Richtung gehst du denn?“
Kristin zeigte Richtung Marktplatz.
„Kann ich dich ein Stück begleiten?“, wollte Carl wissen.
Kristin zögerte, nickte dann. Trotz des Haarschnitts sah er nicht gefährlich aus. Außerdem war helllichter Tag. Was sollte da schon passieren?

Schweigend gingen sie ein paar Meter, dann sagte Carl: „Du hast Geschwister?“
„Ja, eine Schwester, Salima. Die ist sechs. Und einen Bruder, Karim, der ist fünf“, erzählte Kristin. Und sie sollte sich sputen, fiel ihr da ein. Denn Salima war bestimmt schon auf dem Heimweg. Wenn keiner da war, würde sie sicher heulen.
„Salima und Karim“, sagte Carl. „Das sind ja keine deutschen Namen.“
„Nee, ihr Vater ist Marokkaner“, erklärte Kristin. „Deshalb haben sie arabische Namen.“
„Aha“, machte Carl nur. „Wieso ‚ihr‘ Vater?“, hakte er dann nach. „Was ist mit deinem?“

Kristin schwieg eine Weile. Sie wollte nicht an ihren Vater erinnert werden. „Er ist tot", stieß sie dann hervor.
„Tut mir leid", sagte Carl sofort und berührte sie kurz am Arm.
Ein wohliger Schauer durchzuckte Kristin. Seine Hand war warm und fühlte sich gut an.
„Ich muss hier lang", sagte sie und zeigte in die Langgasse.
„Stört's dich, wenn ich noch ein Stück mitkomme?", fragte Carl.
Sie wunderte sich etwas – aber noch mehr freute sie sich. „Nee", murmelte sie nur.

Eine Weile gingen sie wieder schweigsam nebeneinander her. „Was will der Typ von mir?", dachte Kristin. „Findet er mich nicht zu jung?"
Verstohlen betrachtete sie ihn von der Seite. Er trug eine Stoffhose und ein weißes Hemd, das am Kragen offen war. Vermutlich ließ ihn das so erwachsen wirken.
„Ist deine Mutter mit diesem Marokkaner verheiratet?", wollte Carl plötzlich wissen.
Kristin schüttelte den Kopf. „Nee, sie sind

geschieden. Er hat uns sitzen lassen“, stieß sie hervor. „Gleich nach Karims Geburt.“
„Na, das ist ja mal ’n Ding“, empörte sich Carl.
„Lustig war es nicht“, bestätigte Kristin. Sie war gerade mal neun gewesen, als ihr kleiner Bruder auf die Welt kam. Während ihre Mutter sich um das Baby kümmerte, musste Kristin für Salima sorgen.
„Dafür kann ich jetzt wickeln und Fläschchen geben“, sagte sie ironisch.
„Das ist toll“, meinte Carl. „Dann bist du ja schon perfekt vorbereitet, wenn du selbst mal Kinder hast.“
„Da ist noch lange hin“, rief Kristin und lachte. Seltsam: Mit Carl fühlte sie sich richtig wohl. Dabei kannte sie ihn grade mal ein paar Minuten.
„Wieso?“ Carl blieb stehen, drehte Kristin sanft zu sich und schaute sie an. „Du bist doch sicher schon sechzehn, oder?“
Kristin musste kichern. „Ich bin erst vierzehn“, sagte sie, fügte dann schnell hinzu: „Ich werde aber in vier Monaten fünfzehn.“ Er sollte doch nicht denken, dass er es mit einem Kind zu tun hatte.

Bisher hatte er sie wie eine Erwachsene behandelt. Es war ein angenehmer Unterschied zu den Typen an ihrer Schule. Kristin seufzte. Das waren sowieso lauter Idioten, die keine Ahnung hatten.

„Dann sind wir ja fast gleich alt“, erwiderte Carl. „Ich bin siebzehn.“ Er grinste sie an.

Das hätte Kristin nicht gedacht.

Sie gingen weiter. Verlegen fuhr Kristin sich durch die Haare. Sie wusste nicht mehr, was sie noch sagen sollte. Oder doch …

„Hast du auch Geschwister?“, fragte sie.

Carl nickte. „Ja, einen Bruder. Er ist nur ein Jahr älter als ich, glaubt aber, er kann mir alles beibringen.“ Er lachte.

Kristin gefiel das. Carl war so anders als die Jungs, die sie kannte. Okay, Julian war auch anders als die Typen an ihrer Schule. Aber Julian zählte irgendwie nicht. Sie kannte ihn von klein auf, denn er wohnte nebenan. Eigentlich war er eher so was wie ein Bruder. Zumindest bis vor zwei Wochen …

„Geschwister können ganz schön nerven“, sagte Carl.

„Allerdings“, stimmte Kristin zu.
„Ich finde dich nett.“ Er sagte es sehr leise. Kristin war sich nicht sicher, ob sie richtig gehört hatte. Vorsichtshalber sagte sie nichts. Sie konnte sich aber ein glückliches Lächeln nicht ganz verkneifen.
„Was würdest du dir wünschen, wenn du einen Wunsch frei hättest?“, wollte Carl plötzlich wissen.
„Wieso?“, fragte Kristin fröhlich. „Bist du eine Fee?“
Carl lachte. „Seh ich so aus?“ Dann schaute er ernst. „Sag doch mal.“
Kristin musste nicht lange überlegen. „Mehr Zeit“, sagte sie. „Ich mag meine Geschwister. Aber ich hab nie mehr Zeit für mich.“
„Da hätte ich vielleicht was für dich“, erwiderte Carl. „Ich bin da in so einer Gruppe, die trifft sich mehr oder weniger regelmäßig.“
Er sah Kristin so lieb an, dass ihr ganz schummrig wurde. „Da wird gegrillt und gesungen. Es ist immer lustig.“ Er schwieg kurz, fuhr dann fort: „Komm doch mal mit. – Ich würde mich jedenfalls freuen.“
Kristin konnte nichts dagegen tun, dass sie feuerrot wurde. „Ich … ich würde gerne

mitkommen“, stammelte sie. „Muss dann halt gucken, ob ich Zeit hab.“
„Klar“, sagte Carl. „Ich geb dir meine Handynummer. Dann kannst du mich anrufen, wenn du Lust hast, okay?“
Er sagte ihr die Nummer, die Kristin gleich in ihr Handy eintippte. Sie war versucht, hinter den Namen ein Herzchen einzufügen, ließ es aber. Womöglich konnte er es sehen. Und das wäre doch zu peinlich.
„Ich melde mich“, versprach sie. „Und jetzt muss ich flitzen.“ Sie zögerte, streckte Carl dann die Hand hin.
„Hat mich gefreut“, sagte sie und kam sich unendlich erwachsen vor.
Er hielt ihre Hand einen Moment länger als nötig. „Mich auch“, sagte er. „Ich warte auf deinen Anruf.“
Kristin wandte sich ab und lief davon. Ihr Herz klopfte wild. Hatte sie sich etwa verknallt?

2

Zu Hause wartete das Chaos auf Kristin. Karim saß heulend vor der Haustür. Im Kindergarten waren die Röteln ausgebrochen. Alle Kinder waren heimgeschickt worden.
„Wo hast du denn deinen Schlüssel?“, fragte Kristin, während sie aufsperrte und ihn mit sich zog.
„Weiß nich“, schniefte Karim und zog die Nase hoch. „Ich dachte, du kommst nicht“, schluchzte er.
Kristin nahm ihn in den Arm und tröstete ihn. Dass er ihr helles T-Shirt mit seinem schmutzigen Gesicht verschmierte, fand sie nicht so lustig.
„Wasch dich mal, dann mach ich uns Kakao, ja?“, sagte sie und schubste ihn sanft ins Bad. Während sie ihn mit dem Wasser plantschen hörte, kam Salima aus dem Hort. Auch sie hatte keinen guten Tag gehabt.
„Die doofe Lucy hat gesagt, ich bin ein Kanakenkind“, erzählte sie empört. „Was ist das?“
Kristin wusste nicht, wie sie es der Kleinen erklären sollte.

„Das hat sie sicher nur nachgeplappert", versuchte sie, Salima zu beruhigen. „Wasch dir die Hände, es gibt gleich Kakao."
Aber als der fertig war, waren die beiden Kleinen längst anderweitig beschäftigt.
„Das ist doch wieder mal typisch!", dachte Kristin wütend. Doch dann fiel ihr ein, dass sie dadurch Zeit hatte, über ihr Zusammentreffen mit Carl nachzudenken. Sie lächelte. Sollte sie ihn sofort anrufen? Oder sollte sie ihn lieber zappeln lassen? Hatte er wirklich Interesse an ihr? Es war kaum zu glauben; er wirkte so reif! Na ja, sie war ja nun auch kein Kind mehr …

Kristin hatte dann doch keine Zeit, sich länger mit Carl zu beschäftigen: Karim hatte sich beim Herumtoben das Knie aufgeschlagen und saß laut schreiend im Garten.
Kristin holte ihn herein, versorgte die Wunde und machte den Kakao warm. Endlich saßen die Kleinen ruhig und zufrieden auf dem alten Sofa und schauten fern.
„Salima, was hast du heute auf?"
Keine Antwort.

„Salima?“, rief Kristin eine Spur lauter und strenger.
„Ich muss ein Bild malen und das große A üben“, kam die mürrische Antwort.
„Okay, eine halbe Stunde fernsehen, dann machst du deine Hausaufgaben“, sagte Kristin.
Natürlich kam keine Antwort, nur lautes Gekreische von Karim. Vermutlich war gerade eine der Zeichentrickfiguren abgestürzt oder zermalmt worden.
Kristin steckte sich die Kopfhörer ihres Handys in die Ohren. Sie wählte ihren Lieblingssong und begann zu träumen …

Wieder wurde sie unsanft geweckt. Karim wollte noch mehr Kakao, stieß aber seine ohnehin volle Tasse um und verwandelte den Tisch in einen braunen See.
Kristin rettete ihr Handy in letzter Sekunde.
„Pass doch auf!“, rief sie böse.
Er brach zum dritten Mal in Tränen aus.
Kristin hätte ihn am liebsten geschüttelt, damit er aufhörte. Diese Nervensägen!
Wütend wischte sie den Kakao weg.
„Hast du einen neuen Freund?“, fragte Salima.

Kristin drehte sich verwundert um. Was meinte die Schwester damit? Es wurde ihr schnell klar: Sie hatte beim Tagträumen auf einem Prospekt herumgemalt.
„Gib her“, rief sie und versuchte, Salima den Prospekt zu entreißen.
Salima lachte frech und rannte mit dem Papier davon.
„Gib das sofort her!“, schrie Kristin außer sich. Wer weiß, was auf dem Zettel stand? Sie hatte keine Ahnung, was sie geschrieben oder gemalt hatte.
„Du kriegst ihn nicht, du kriegst ihn nicht“, sang Salima. Sie rannte in den Garten hinaus, Kristin hinterher.
Nach zwei Runden konnte sie Salima endlich packen und ihr den Prospekt wegnehmen.
„Aua!“, rief die Kleine wütend.
Kristin achtete nicht auf sie. Das war ja unfassbar! Ein Glück, dass Salima noch nicht richtig lesen konnte: Jeder weiße Fleck war mit Herzchen bemalt. In einigen stand ein großes C, manche enthielten auch Carls Namen. Das Schlimmste war aber ein großes Carl, um dessen ersten Buchstaben sich seltsame Pflanzen rankten. Wie peinlich!

Die Kleinen waren im Bett, ihre Mutter schlief vor der laufenden Glotze. Kristin hatte endlich Zeit für sich.
Den ganzen Nachmittag und Abend dachte sie schon darüber nach, ob sie Carl anrufen sollte. Immer wieder suchte sie in ihrem Handy nach seiner Nummer. So konnte sie sicher sein, dass sie nicht geträumt hatte.
Egal! Sie würde ihn jetzt anrufen. Und wenn er blöd reagierte, dann wusste sie wenigstens, dass er auch nur ein Idiot war. Wie die anderen Jungs, die aus ihrer Klasse.
Während Kristin auf die grüne Taste drückte, hoffte sie, dass Carl keiner sein möge.
„Hallo?“
Seine Stimme klang wunderbar! Kristin brachte vor lauter Herzklopfen keinen Ton heraus. Erst, als Carl zum zweiten Mal „Hallo?“ rief, fasste sie sich ein Herz.
„Ich bin’s, Kristin.“
„Oh, hallo Kristin.“ Er freute sich! „Das ist aber schön, dass du anrufst.“
Es war ganz leicht. Sie konnte mit ihm reden, als würden sie sich schon ewig kennen.

„Wie war dein Tag so?"
Kristin jammerte über das Durcheinander, das ihre Geschwister ständig anstellten. „Und natürlich bin ich dann die Böse", sagte sie. Ihre Mutter hatte geschimpft, weil Salima ihre Hausaufgaben nicht gemacht hatte.
„Ich seh schon, du brauchst dringend eine Abwechslung", sagte Carl sanft.
Kristin schluckte und bejahte. Er war echt süß!
„Erinnerst du dich an die Gruppe, von der ich dir erzählt habe?"
„Klar", erwiderte Kristin.
„Wir treffen uns schon morgen Abend zum Grillen", sagte Carl. „Wenn du Lust hast ..."
Kristin dachte nach. Morgen hatte sie zwar eigentlich Volleyball, aber das konnte sie auch mal sausen lassen. Im Gegenteil: Es wäre die perfekte Gelegenheit! Mama musste nicht alles wissen.
„Klasse", sagte sie. „Ich hab Zeit."
„Schön", rief Carl.
Sie vereinbarten einen Treffpunkt, denn es stand noch nicht fest, wo die Gruppe zusammenkommen wollte.
„Bis morgen", hauchte Kristin schließlich.

„Bis morgen“, gab Carl zurück. „Ich freue mich.“
„Ich mich auch!“, jubelte Kristin innerlich nach dem Gespräch.

Die halbe Nacht lag sie wach. Was sollte sie anziehen? Würden die anderen in der Gruppe sie akzeptieren? Waren sie älter oder gleich alt?
Weit nach Mitternacht schlief Kristin endlich ein – und träumte von Carl.

3

Natürlich war Kristin viel zu früh dran. Um sieben wollte sie sich mit Carl am Marktplatz treffen. Es war erst zwanzig vor. Nervös lief sie auf und ab. War das nun eine richtige Verabredung? Oder hatte Carl sie nur aus Mitleid eingeladen? Was, wenn er nicht kommen würde? In einem Schaufenster überprüfte sie noch mal ihren Look. Ja, sie sah gut aus. Besonders ihre langen blonden Haare machten sich gut zu dem schwarzen T-Shirt.

Immer wieder schaute Kristin auf ihr Handy. Aber da war nichts. Noch zehn Minuten ...

Sie hoffte wirklich, ihre Mutter würde nicht mehr in den Garten gehen. Dort hatte sie nämlich ihre Tasche mit den Trainingsklamotten hinter einem Busch versteckt.

„Hallo, da bist du ja!“

Kristins Herz machte einen Satz. Er war zu früh! Das war ein gutes Zeichen!

„Hi“, sagte sie. Für den Bruchteil einer Sekunde standen sie sich ratlos gegenüber. Dann klopfte Carl ihr zur Begrüßung kurz auf die Schulter und sagte noch einmal:

„Hallo. Schön, dass du gekommen bist.“
Kristin schluckte ihre Enttäuschung hinunter. Hatte sie erwartet, dass er sie küssen würde? Ja sicher, beim ersten Treffen …
„Wir müssen noch ein Stück mit dem Bus fahren“, sagte Carl. Er nahm ihre Hand. Das versöhnte Kristin sofort.

Sie fuhren mit dem 134er bis zur Endstation, Haltestelle Eichenforst. Unterwegs fragte Carl Kristin, ob zu Hause alles in Ordnung sei. Aber Kristin hatte keine Lust, über ihre Familie zu reden. Sie sagte nur: „Ja, ja.“
Als sie aus dem Bus stiegen, wartete schon eine Gruppe Jugendlicher auf sie. Carl wurde mit großem Hallo begrüßt.
„Das ist Kristin“, sagte er und schob sie nach vorne.
„Hallo Kristin“, ertönte es vielstimmig.
Kristin lächelte schüchtern. Während die anderen mit Carl redeten, hatte sie Gelegenheit, sie zu betrachten.
Es waren sechs Jungs und sieben Mädchen. Sie waren fast alle älter als Kristin. Auf dem Gehweg waren jede Menge Sachen gestapelt:

Bier- und Limokästen, Kühltaschen, Decken und Kissen. Ein Junge hatte eine Gitarre über der Schulter hängen.
Alle schienen sich zu kennen. Kristin kam sich ziemlich verlassen vor.
„Hallo, ich bin Friederike", sagte da ein Mädchen zu ihr. „Hilfst du mir tragen?"
Sie hielt Kristin ein Bündel Decken hin.
Kristin war froh, etwas zu tun zu haben.
„Sind wir so weit?", fragte Carl in die Runde.
Zustimmendes Gemurmel war zu hören, dann setzte sich die Gruppe in Bewegung.
Kristin kannte den Eichenforst von diversen Schulausflügen. Abends war sie noch nie hier gewesen. Was, wenn sie stolperte?
Doch sie musste sich keine Sorgen machen.
„Vorsicht, hier ist 'ne Wurzel", rief ein Junge.
„Bist du sicher, dass es nicht 'ne Schlange ist?", stichelte ein anderer, und alle lachten.
Es herrschte eine super Stimmung.
„Helft mir mal", sagte Carl später. Er stand vor einem umgestürzten Baum. Sofort waren jede Menge helfende Hände da.
Kristin fand das toll. Sie lief die meiste Zeit dicht hinter Carl, der sich jedoch mit einem

anderen Jungen unterhielt. Es ging um eine Veranstaltung, bei der es wohl Schwierigkeiten gegeben hatte.
Carl schien so etwas wie der Anführer zu sein, denn sein Wort galt. Wenn er sagte: „Wir machen das so“, dann erhielt er sofort von allen Seiten Zustimmung.
Kristin war stolz, dass sie zu ihm gehörte.

Nach zirka einer halben Stunde stoppte Carl, sah sich um und sagte: „Hier ist es gut.“
Innerhalb weniger Minuten war ein Lagerfeuer errichtet. Fleisch und Würste aus den Kühltaschen wurden aufgespießt, Getränke verteilt. Die meisten nahmen sich ein Bier, aber Kristin griff zur Limo. Sie wollte erst einmal abwarten.
Das Feuer prasselte bald vor sich hin, die Decken lagen darum herum.
„Setz dich doch“, sagte Friederike zu Kristin.
Die zögerte. Sie wollte bei Carl sein, doch er schien überall gebraucht zu werden.
Friederike hatte wohl ihren suchenden Blick gesehen. „Er kommt schon“, sagte sie und zog Kristin zu sich auf die Decke. „Hol dir’n

Würstchen.“ Sie deutete auf die vielen Spieße, die schräg über dem Feuer steckten.
Kristin griff zu. Es schmeckte gut. Ein bisschen verkohlt vielleicht, aber auch nach Abenteuer. Wann hatte sie zuletzt an einem Lagerfeuer gesessen? Kristin konnte sich nicht erinnern.
„Na, schmeckt's?“ Carl setzte sich hinter sie und legte einen Arm locker um ihre Schultern. Kristin ließ sich leicht nach hinten fallen. Sie fand die anderen nett. Aber bei Carl fühlte sie sich wirklich geborgen.
Sie hielt ihm den Rest ihres Würstchens hin und ließ ihn abbeißen.
„Lecker“, sagte er und grinste. Er beugte sich nach vorne, holte noch einmal zwei Spieße und reichte einen davon Kristin. Schweigsam aßen sie.
„Gefällt's dir hier?“, wollte Carl schließlich wissen.
„Ja, ich find's klasse“, erwiderte Kristin. „Ich hab so was noch nie gemacht. Ich meine, in der Gruppe und so.“
„Dann wurde es ja Zeit“, sagte Carl.

Der Junge mit der Gitarre wurde aufgefordert zu spielen. Er ließ sich ein wenig bitten, griff dann aber doch zu seinem Instrument.
Er konnte nur Akkorde spielen, aber das machte nichts. Er spielte ein Lied an, und die Gruppe begann sofort, zu singen. Manche Melodien kamen Kristin vertraut vor. Auf die Texte achtete sie nicht. Sie lehnte an Carl, genoss die Nähe seines Körpers und die Wärme des Lagerfeuers.
„Gibt's heute gar keinen Vortrag?", fragte Friederike.
Carl schüttelte den Kopf. „Nee, heute nicht. Heute genießen wir einfach nur mal die Natur."
Kristin fragte sich, was für ein Vortrag das wohl sein sollte, mitten im Wald, mitten in der Nacht … Sie brauchte jedenfalls keinen. Es war toll, einfach so mit den anderen dazusitzen und dem Feuer zuzuschauen.
„Es ist schön hier", sagte sie leise zu Carl.
„Ja", erwiderte er. „Wir machen das meistens einmal in der Woche." Er zog sie näher zu sich. „Wir wollen die Verbundenheit mit der Natur fördern."
„Übernachtet ihr auch draußen?", wollte Kristin wissen. Sie erinnerte sich an ihre

Kindheit. Ihr Vater hatte für sie und Julian ein Zelt im Garten aufgebaut. Es war saukalt gewesen, aber toll, draußen zu schlafen. Kristin verdrängte den Gedanken schnell. Sie wollte jetzt nicht an Julian denken.
„Wir haben richtige Camps“, sagte Carl. „Das ist aber kein Zuckerschlecken.“ Er grinste. „Da wird um sechs aufgestanden, dann gibt's Frühsport, danach eine kalte Dusche und dann erst Frühstück.“
Kristin schaute ihn entsetzt an. Das klang ja furchtbar. „Ist nicht dein Ernst“, sagte sie.
„Doch“, antwortete Carl. Er grinste wieder. „Da haben aber solche Weicheier wie du nichts verloren.“
„Weichei?“, rief Kristin empört. „Ich bin kein Weichei!“ Sie warf Carl einen vorwurfsvollen Blick zu und rückte ein wenig von ihm ab. Aber dann lächelten sie sich an. Es war klar, dass alles nur Spaß war.
„Wer kuschelt sich denn dauernd an mich, weil ihm kalt ist?“, fragte Carl provozierend.
„Mir ist nicht kalt“, gab Kristin zurück. Doch im selben Moment durchfuhr sie ein Schauer. Obwohl sie auf zwei Decken saß, kroch die Kälte vom Waldboden hoch.

„Na, komm her“, sagte Carl und zog sie zu sich. „Ich wärm dich.“
Kristin zierte sich erst ein bisschen, aber Carl war stärker. Und auch ihr Wunsch, wieder dicht bei ihm zu sitzen.
Glücklich spürte sie seinen Arm um ihre Schultern. Gab es einen perfekteren Abend als diesen? Mit einem tollen Mann am Lagerfeuer?
„Schön, dass du da bist“, flüsterte Carl ihr ins Ohr.
Kristin wandte ihm ihr Gesicht zu. Fehlte nur noch eines …
Sanft zog Carl ihr Kinn zu sich und küsste sie.
Wieder durchfuhr Kristin ein Schauer, aber diesmal kam er nicht von der Kälte.

4

„Kristin, steh jetzt endlich auf!“
Kristin zog knurrend die Decke über den Kopf. Sie hatte so schön von Carl geträumt. Musste Mama sie so rüde wecken?
„Kristin?“ Mamas Stimme klang genervt.
„Jaha!“, brüllte Kristin zurück. Mann, hatte man denn nie seine Ruhe?
„Komm endlich in die Pötte! Du kommst sonst zu spät in die Schule.“
„Ist mir doch egal“, murmelte Kristin, schwang sich aber doch aus dem Bett. Ihre Klamotten lagen in einem wilden Haufen neben ihrem Schreibtisch. Kristin grinste. Zum Glück war Mamas Fernsehschlaf tief und fest. Sie hatte sich erst kurz vor Mitternacht ins Haus geschlichen.
Es war so ein wunderbarer Abend gewesen. Carl hatte sie sogar nach Hause gebracht. Er war eben ein perfekter Gentleman ...
Sie kicherte. Seine Küsse waren alles andere als höflich gewesen. Aber schööööön!
Kristin pickte etwas Laub von ihrer Jeans und legte es vorsichtig auf den Tisch. Das würde sie aufbewahren.

Zehn Minuten später saß sie gewaschen und angezogen in der Küche. Salima und Karim bespritzten sich gegenseitig mit Kakao.
„Hört endlich auf damit!“ Mama klang ziemlich genervt. Sie wischte den Tisch trocken und gab den beiden einen leichten Klaps.
Kristin nahm sich ein Brot und schmierte Butter drauf. Eigentlich hatte sie keinen Hunger, aber Mama würde sicher misstrauisch werden, wenn sie nichts aß.
„Ich hab dich gestern gar nicht gehört“, sagte sie in diesem Moment.
„Du hast so schön geschlafen“, erwiderte Kristin. „Ich wollt dich nicht wecken.“
„Wann bist du denn gekommen?“
„So kurz nach zehn. Wir waren noch ein Eis essen.“ Kristin hielt die Luft an. Aber die Lüge schien zu funktionieren: Die Mutter war mit den Gedanken schon ganz woanders.
„Ab zum Zähneputzen“, forderte sie die Kleinen auf. „Der Bus kommt gleich.“
Salima und Karim stürmten nach oben.
In der Küche herrschte endlich Ruhe.

„Julian hat gestern Abend noch nach dir gefragt“, sagte die Mutter.
„Hmm“, machte Kristin, weil sie den Mund voll hatte. Sie schluckte runter. „Was will er?“
„Keine Ahnung.“ Ihre Mutter begann, das Geschirr wegzuräumen.
„Lass, ich mach das“, sagte Kristin. Sie wollte etwas tun, um ihr schlechtes Gewissen zu beruhigen. Ihre Mutter war eigentlich ganz okay. Sie hatte es nicht verdient, angelogen zu werden.
„Sie wird Carl sicher gut finden“, dachte Kristin, während sie die Tassen und Teller in die Spüle räumte. „Sind wir eigentlich zusammen?“, fragte sie sich dann.
Kristin musste sich langsam beeilen. Sie schnappte ihren Rucksack und lief zum Schuppen, um das Rad zu holen.
„Guten Morgen.“
Julian! Der hatte ihr gerade noch gefehlt.
„Morgen“, brummte Kristin. Sie wusste nicht warum, aber seit einigen Wochen ging Julian ihr tierisch auf die Nerven.
„Gehen wir am Wochenende schwimmen?“, rief er über den Gartenzaun. Kristin zuckte mit den Schultern.

„Keine Ahnung“, rief sie zurück. „Weiß nicht, ob ich Zeit hab.“ „Oder Lust“, dachte sie. „Das Wetter soll schön werden.“ Julian ließ nicht locker.
„Kann schon sein.“ Kristin wandte sich endlich um und schaute ihn an. Sie verglich ihn automatisch mit Carl. Neben ihm würde Julian eher klein und schmächtig wirken. Dabei hatte auch Julian einen durchtrainierten Körper. Aber gegen Carl waren alle anderen kleine Jungs, irgendwie … Kristin seufzte und fasste einen Entschluss. Sie lehnte ihr Rad an die Hauswand und ging zu Julian.
„Ich hab ’nen Freund“, sagte sie. „Ich hab keine Zeit am Wochenende.“
Julian starrte sie an. „Seit wann?“, wollte er wissen.
Kristin zuckte mit den Achseln. „Seit einigen Wochen“, schwindelte sie. Es ging doch keinen was an.
„Kenn ich ihn?“
„Nö.“ Kristin zeigte auf ihr Rad. „Ich muss los.“ Julian nickte abwesend.
„Musst du nicht zur Schule?“, fragte Kristin.
„Doch, natürlich“, erwiderte Julian. „Wie heißt er denn?“, hakte er nach.

Kristin wusste natürlich genau, wen er meinte. Sie stellte sich aber mit Absicht doof und fragte: „Wer?“
Julian runzelte die Stirn. „Dein Freund?“ Sein Ton klang ein bisschen ironisch, aber auch ein bisschen böse.
„Ach der“, sagte sie. „Du kennst ihn eh nicht. – Ich muss echt los.“ Sie wandte sich ab.
„Ich komm heute Nachmittag mal rüber, ja?“, rief Julian ihr nach.
„Ja, ja“, erwiderte Kristin und schwang sich aufs Rad. Irgendwas würde hoffentlich dazwischenkommen …
Es war seltsam. Sie hatte seit ihrer Kindheit schon so viel Zeit mit Julian verbracht, aber in den letzten Wochen war es mit ihm irgendwie ganz anders als früher … Sie wollte sich jetzt nicht damit befassen. Sie wollte über Carl nachdenken. Mit Carl war alles aufregend und neu.

Ausnahmsweise herrschte mal Ruhe. Salima war eifrig dabei, Hs in ihr Heft zu malen. Ihre Zungenspitze steckte zwischen den Zähnen, was sehr süß aussah.

Karim beschäftigte sich seit einer halben Stunde mit seinem neuen Traktor. Ihre Mutter hatte ihn gestern aus dem Supermarkt mitgebracht. Er hatte eine Delle, weshalb sie ihn günstiger kaufen konnte. Das schien Karim aber nicht zu stören.
Kristin hatte ihre Hausaufgaben bereits erledigt; sie hatte eine Freistunde dafür genutzt. Seit ein paar Minuten kämpfte sie mit sich, ob sie Carl anrufen sollte. War das aufdringlich?
Der gestrige Abend erschien ihr inzwischen wie ein Traum. Hatte er sie wirklich geküsst? Es half nichts: Wenn sie es sicher wissen wollte, musste sie ihn anrufen. An seiner Stimme würde sie es sofort hören.
Kristin nahm ihr Handy und wählte Carls Nummer. Als es klingelte, läutete es auch an der Haustür.
„Mist“, murmelte Kristin und drückte die rote Taste. Sie schlurfte zur Haustür und machte sie auf. Es war Julian.
„Ach, du bist's“, sagte sie und wandte sich ab.
„Das ist ja 'ne tolle Begrüßung“, sagte Julian.
„Hau doch ab, wenn's dir nicht passt“, dachte

Kristin und ging in die Küche. Julian folgte ihr auf dem Fuße.
„Können wir reden?“, wollte er wissen.
„Worüber denn?“ Kristin stellte sich wieder dumm.
Julian setzte sich. Er war hier ja praktisch zu Hause.
„Willst du was trinken?“, fragte Kristin, um die Aussprache noch etwas hinauszuzögern.
Aber Julian schüttelte den Kopf.
„Setz dich doch“, sagte er.

Kristin blieb lieber stehen. Während Julian mit dem Zipfel der Tischdecke spielte, verglich sie ihn wieder mit Carl. Julians lange, dunkle Haare, die kaum zu bändigen waren. Dagegen Carls blonde Stoppelfrisur. Julians dunkle Augen, die meistens liebevoll, manchmal aber auch sehr wütend schauten. Carls blaue Augen, in denen sie versinken konnte. Julians Mund, fast immer lachend …
Von Julian hatte sie ihren ersten Kuss bekommen. Wie alt waren sie damals gewesen? Sechs oder sieben? Julian musste also sieben oder acht gewesen sein ...

Kristin wandte sich ab. Nein, sie wollte jetzt nicht an diesen Kuss denken! Oder an das Versprechen, das sie sich damals gegeben hatten. Das war doch Kinderkram!
„Können wir über uns reden?“, sagte Julian.
„Über uns?“ Kristin drehte sich um. „Was gibt's da zu reden?“
„Sag du's mir“, antwortete Julian. „Du weißt, wie ich darüber denke.“ Er sah sie ernst an.
Natürlich wusste Kristin es. Es war keine zwei Wochen her, dass er sie gefragt hatte, ob sie miteinander gehen würden. Es war überraschend gekommen und ihr doch irgendwie logisch erschienen. Sie kannten sich seit Kindertagen, waren zusammen aufgewachsen. Sie wussten alles voneinander – na okay, fast alles.
Kristin hatte sich eine Art Bedenkzeit erbeten. Und Julian hatte zugestimmt. Er schien sich seiner Sache so sicher! Das ärgerte sie.
Kristin zuckte mit den Schultern.
„Hattest du den Freund schon, als ich dich gefragt habe?“, wollte Julian wissen.
Kristin schüttelte den Kopf. „Nein“, gab sie zu. „Das war geschwindelt. Da hatte ich ihn grad erst kennengelernt.“

Sie wollte Julian nicht verletzen, aber was blieb ihr übrig? Kristin fasste sich ein Herz. „Es tut mir leid", sagte sie. „Aber ich mag den Typen wirklich gern. Also … Ich mag dich auch, klar. Aber eben nicht als Freund. Ich meine …" Verdammt, das war so schwer!
Julian stand auf. „Ich versteh schon", sagte er. Als er an Kristin vorbei zur Tür ging, sagte er leise: „Ich bin immer für dich da. Das weißt du, oder?"
Kristin kämpfte mit den Tränen. Dabei müsste sie doch eigentlich lachen vor Glück!

5

Die folgenden Tage waren wie ein Traum. Carl holte Kristin nach der Schule ab, und sie verbrachten einige Stunden miteinander. Meist gingen sie ins Freibad, um die Sonnentage zu genießen.
Zuerst achtete Kristin immer darauf, dass sie zu Hause war, bevor ihre Geschwister heimkamen. Doch dann vergaß sie die Zeit, und der Ärger begann.
Als Karim sich zum dritten Mal bei ihrer Mutter beschwerte, dass Kristin nicht zu Hause war, setzte es ein Riesendonnerwetter.
„Verlange ich wirklich so viel von dir?“, wollte ihre Mutter wissen. „Alles, was du tun musst, ist um vier daheim zu sein, wenn die Kleinen kommen. Und du sollst eh nicht so viel draußen herumstreunen.“
„Ich streune nicht!“, rief Kristin trotzig.
„Mit wem treibst du dich eigentlich ständig herum?“, wollte ihre Mutter wissen. „Julian sagte, du hast einen Freund? Wieso weiß ich nichts davon?“
Kristin schnitt hinter dem Rücken ihrer Mutter eine Grimasse. Julian war eine olle Petze!

„Der ist doch nur sauer, weil ich nicht mehr dauernd mit ihm herumhänge“, sagte sie.
Ihre Mutter wandte sich besorgt um. „Habt ihr euch gestritten?“
Kristin schüttelte den Kopf. „Nö. Hat er das behauptet?“
Ihre Mutter seufzte. „Nein. Das würde Julian nie tun.“
„Ha! Aber petzen, dass ich ’nen Freund habe, das kann er!“, dachte Kristin böse und erwiderte: „Ja, ja, ich weiß, Julian ist ein Heiliger. Und eine gute Partie ist er obendrein. Künftiger Schreinereibesitzer!“
„Du hast keine Ahnung, wovon du redest“, erwiderte ihre Mutter.
„Nee, klar, ich bin ja nur das doofe Kind“, gab Kristin zurück.
Ihre Mutter schaute sie einen Moment lang aufmerksam an. Kristin bereute es, so frech gewesen zu sein. Aber sie hatte auch keine Lust, ständig das Kindermädchen für Salima und Karim zu spielen. Dann mussten die beiden eben länger im Hort bleiben. Nur – das konnte Mama sich nicht leisten …
Ihre Mutter seufzte. „Ich hoffe nur, dass du diese frechen Sprüche nicht von deinem

neuen Freund lernst“, sagte sie. „Und pass auf, wenn ihr … falls ihr … Wir haben ja schon mal drüber gesprochen.“ Sie strich Kristin leicht über die Wange und wandte sich wieder der Spüle zu.
Kristin grinste. Wenn die Mutter so verlegen wurde, sprach sie meistens von dem einen. Aber da musste sie sich wirklich keine Sorgen machen. Carl hatte noch nicht mal einen Annäherungsversuch gestartet. Bisher war es nur bei Küssen geblieben. Die waren allerdings ziemlich heiß!

„Und? Wie ist es zu Hause? Hast du Stress?“
Kristin schmiegte sich an Carl und sagte: „Nee. Nicht mehr als sonst.“
„Erzähl doch mal. Wie war das mit deinem Vater?“, wollte Carl wissen und hauchte ihr einen Kuss auf die Haare.
Kristin hatte eigentlich keine Lust, über ihren Vater zu reden. Obwohl es schon so lange her war, tat es immer noch weh.
„Er ist bei einem Autounfall ums Leben gekommen“, sagte sie leise. „Irgendein besoffener Idiot ist ihm ins Auto gefahren.“

„Tut mir leid", sagte Carl und legte den Arm um sie.
„Schon okay", meinte Kristin und kuschelte sich an ihn.
Nach einem langen, zärtlichen Kuss fragte Carl: „Wieso hat deine Mutter wieder geheiratet?"
Kristin zuckte mit der Schulter. „Keine Ahnung. Ich vermute, sie war in Hassan verliebt."
Carl gab ein seltsames Geräusch von sich. Kristin schaute ihn fragend an.
„Wie hat sie diesen Typen denn kennengelernt?", bohrte er weiter.
Kristin dachte nach. Seltsam, das wusste sie gar nicht. Hassan war plötzlich da gewesen. Eines Tages hatte Mama sie gefragt, ob sie etwas dagegen hätte, wenn Hassan ihr neuer Papa würde. Kristin hatte Hassan interessant gefunden. Und er war nett gewesen, zumindest zu Beginn. Sie hatte also nichts gegen die Heirat gehabt.
„Keine Ahnung. Er war einfach da", sagte sie laut.
„Und dann wieder weg", meinte Carl ironisch. „Ist ja typisch für solche Leute."
„Was meinst du damit?", wunderte Kristin sich.

„Na, Türken sind doch bekannt für ihre Unzuverlässigkeit", sagte Carl.
„Hassan ist Marokkaner", berichtigte Kristin ihn.
„Marokkaner, Türken, ist doch alles dasselbe. Er hat euch sitzen lassen, oder?"
Kristin nickte.
„Siehst du? Diese Typen setzen sich ins gemachte Nest. Und wenn's ihnen nicht mehr passt, hauen sie ab", sagte Carl. „Hätte er sich um die Familie gekümmert, müsstest du das jetzt nicht tun. Er ist schuld, dass du nie Zeit für dich hast."
„Kann schon sein", erwiderte Kristin. „Aber um die Familie kümmert sich vor allem Mama. Ich pass ja nur auf die beiden Gören auf."
„Na, jetzt mach dich mal nicht so klein", sagte Carl. „Ich finde, das ist eine sehr verantwortungsvolle Aufgabe. Immerhin sind deine Geschwister noch sehr jung."
„Ach, so schlimm ist es nun auch wieder nicht", wiegelte Kristin ab. „Meistens gehorchen sie ja."
„Trotzdem." Carl ließ nicht locker. „Wenn dieser Typ seine Vaterpflichten erfüllen würde, müsste deine Mutter nicht arbeiten gehen.

Und du hättest mehr Freizeit. Mit einem deutschen Mann wäre das nicht passiert."
Kristin bezweifelte das. In ihrer Klasse waren drei Mädchen, deren Eltern getrennt oder geschieden waren. Und alle waren Deutsche. Aber sie wollte sich nicht mit Carl streiten.
„Meine Mutter arbeitet gerne", sagte sie. „Vielleicht nicht grad im Supermarkt, aber sie würde so oder so arbeiten."
„Das ist aber nicht richtig", ereiferte sich Carl. „Eine Mutter gehört zu ihren Kindern. Siehst du denn nicht, dass dieser Hassan euer Leben zerstört hat?"
Kristin fand das ziemlich übertrieben. Ihnen ging's doch gut. Da gab es weit schlimmere Fälle. Einer aus der Parallelklasse stammte aus einer Hartz IV-Familie – die hatten wirklich zu kämpfen!
Andererseits – Mama schimpfte oft auf Hassan, wenn sie vollkommen erledigt nach Hause kam. Da fielen manchmal Wörter, die nicht für Kinderohren bestimmt waren. Sie war immer noch ganz schön sauer auf ihn …
„Okay, Hassan ist an allem schuld", sagte sie besänftigend, wenn auch halb ironisch. „Sagt Mama schließlich auch immer."

„Siehst du?“ Carl klang sehr zufrieden mit sich. „Sag ich doch.“
„Ja“, flüsterte Kristin und suchte seine Lippen.

Zwei Tage später gab es am Abend erneut Streit mit ihrer Mutter. Salima hatte versucht, sich Nudeln warm zu machen. Sie hatte dabei in der Küche eine Riesensauerei veranstaltet. Kristin hatte mit Carl telefoniert.
„Bist du von allen guten Geistern verlassen?“, schrie ihre Mutter aufgebracht. „Was, wenn Salima sich verbrannt hätte?“
„Es ist doch nichts passiert“, schrie Kristin zurück. Sie hatte es so satt, ständig der Sündenbock zu sein.
„Nein, aber es hätte etwas passieren können!“ Ihre Mutter war außer sich. „Was ist nur los mit dir?“
„Ich will auch mal Zeit für mich haben. Immerzu muss ich auf diese Blagen aufpassen.“
Ihre Mutter stutzte und schaute sie fragend an. „Was hast du gesagt?“
Kristin zog eine Grimasse. „Ich habe gesagt, dauernd muss ich auf diese Blagen aufpassen“, sagte sie betont ruhig.

Plötzlich brannte ihre Wange. Kristin schnappte nach Luft. Ihre Mutter hatte ihr tatsächlich eine Ohrfeige gegeben!
„Du … du …“, stammelte sie.
Ihre Mutter schien Luft abgelassen zu haben. Sie zeigte zur Küchentür und sagte: „Geh auf dein Zimmer. Ich will dich für den Rest des Tages nicht mehr sehen.“
„Das kannst du haben“, rief Kristin und rannte raus. Doch in ihr Zimmer lief sie nur, um ihren Rucksack und eine Jacke zu holen. Dann verließ sie das Haus und rannte den ganzen Weg zu Carl, dessen Eltern in Urlaub waren.

Carl wohnte in einer ziemlich feinen Gegend. Das Haus seiner Eltern war groß im Vergleich zu dem Häuschen, in dem Kristin wohnte.
„Was ist denn los?“, fragte er zärtlich, als sie ihm schluchzend um den Hals fiel. Er platzierte sie sanft auf der Wohnzimmercouch. Kristin heulte erst einmal ein paar Minuten, bis sie sich endlich beruhigte. Carl hielt sie im Arm und streichelte ihr übers Haar.
„Kann doch nicht so schlimm sein“, murmelte er wieder und wieder.

Kristin schniefte und wischte sich die Tränen aus dem Gesicht. Carl reichte ihr ein Taschentuch, in das sie sich heftig schnäuzte.
„Was ist denn nun los?“, fragte er noch einmal.
„Ich geh nie wieder zurück“, sagte Kristin trotzig. „Die können mich doch alle mal.“
Stockend erzählte sie ihm von dem Streit und der Ohrfeige.
Carl küsste die brennende Wange und nahm sie fest in den Arm.
„Letztendlich ist dieser Hassan an allem schuld, da gibt’s nix“, sagte er schließlich.
„Man kann Ausländern einfach nicht trauen.“
Hassan war das eine, fand Kristin. Aber dass man gleich alle Ausländer verteufeln musste, fand sie dann doch übertrieben.
Aber Carl ließ ihr keine Zeit, darüber nachzudenken. Er zog sie sanft zu sich heran, und sie küssten sich lange und innig. Als Carl sie in sein Zimmer trug, auf das Bett legte und am Reißverschluss ihrer Jeans rumfummelte, wollte Kristin ihn erst davon abhalten. Doch dann sah sie das Gesicht ihrer Mutter vor sich und sagte sich: „Jetzt erst recht!“

6

Während Carl neben ihr lag und tief und fest schlief, lag Kristin fast die ganze Nacht wach.
Die erste Hälfte, weil sie viel zu aufgekratzt war, um zu schlafen: Sie war das erste Mal über Nacht weggeblieben! Bei einem Jungen! Sie hatte zwar doch gekniffen, was den Sex anging, aber ein bisschen Fummeln hatte sie Carl erlaubt. Und er war wie immer äußerst verständnisvoll gewesen.
Kristins Herz wummerte, als sie den Mann neben sich betrachtete. Noch nie hatte sie so einen liebevollen Freund gehabt. Er las ihr praktisch jeden Wunsch von den Augen ab. Aber er sagte ihr auch klipp und klar, wenn er etwas nicht gut fand – was ihr ebenfalls gefiel. Sie hatte ihre Mutter nicht anrufen wollen. „Sie ist doof“, hatte sie gesagt.
„Mag ja sein“, war Carls Antwort gewesen. „Streiten ist ja auch mal in Ordnung. Aber sie ist nun mal deine Mutter. Und sie macht sich Sorgen. Das muss doch nicht sein.“
Nach ein paar Minuten Diskussion hatte Kristin es schließlich eingesehen.

„Ich bin's", hatte sie am Telefon gesagt. „Ich bin bei Carl. Und ich bleib die ganze Nacht", hatte sie schnell hinzugefügt.
Ihre Mutter hatte erst einmal geschwiegen. Sie konnte förmlich hören, was sie dachte. Wie sauer sie war. Und dass ihr dann die Ohrfeige einfiel. Und wie sie versuchte, sich am Riemen zu reißen. „Eigentlich ist das nicht in Ordnung. Wir sprechen morgen darüber, Fräulein", hatte sie schließlich hervorgebracht, mit zusammengebissenen Zähnen. Und noch leiser: „Aber trotzdem danke, dass du anrufst."
Kristin schnaubte, als sie daran dachte. Der Anruf war ihr echt schwergefallen. Aber Carl hatte Recht. Und sie musste deswegen kein schlechtes Gewissen mehr haben.

In der zweiten Hälfte der Nacht war es nicht die Verliebtheit, die sie am Schlaf hinderte, sondern etwas ganz anderes. Als sie nämlich das Licht einschaltete und zur Toilette gehen wollte, fiel ihr Blick auf etwas, das sie am Abend, im Eifer des Gefechts, gar nicht beachtet hatte: An der Wand über Carls

Schreibtisch hing eine Fahne mit großem schwarzem Kreuz. In der Mitte des Kreuzes war in einem Kreis eine Art Adler abgebildet. Die Fahne erinnerte ziemlich unmissverständlich an die Reichskriegsfahne.
Kristin wusste, die Fahne war verboten.
Natürlich kannte sie Carls Kapuzenjacke.
Sie hing jetzt über seinem Schreibtischstuhl.
Auf dem Rücken zeigte sie einen großen Adler. Aber solche Jacken trugen viele Jugendliche. „Ein Adler", hatte sie gedacht, „muss ja nicht gleich etwas bedeuten."
Als sie jedoch jetzt, mitten in der Nacht und allein in einem fremden Schlafzimmer stehend, eins und eins zusammenzählte – die Fahne, die Jacke, die Sprüche gegen Ausländer –, gab es nur einen Schluss:
Carl war ein Neonazi!
Kristins Herz raste. Was jetzt? Eine gefühlte Ewigkeit stand sie bewegungslos da.
„Was stehst du denn da so rum, Süße? Kannst du nicht schlafen?", murmelte Carl dann plötzlich und wandte sich um.
„Nee", flüsterte Kristin.
„Komm her", sagte Carl und hielt ihr die Hand hin. „Entspann dich."

Kristin zögerte. Dann gab sie sich einen Ruck. Was blieb ihr anderes übrig? Sie würde morgen mit ihm darüber sprechen. Manchmal waren die Dinge ganz anders, als sie aussahen.
Ganz langsam kroch sie im Bett wieder näher zu ihm hin. Er roch so gut …

Bei Tageslicht betrachtet, sah wirklich alles ganz anders aus. Carl hatte sie am Morgen mit Küssen überschüttet und ihr einen heißen Kaffee ans Bett gebracht. Dieser Mann sollte ein Neonazi sein?
Beinahe musste sie über ihre nächtliche Angstattacke grinsen. Zugegeben, er hatte ein paar schräge Ansichten. Und hier hing diese komische Fahne rum. Aber das machte doch noch lange keinen Neonazi! Die waren skrupellos und brutal. Carl dagegen war liebevoll, verschmust und unendlich aufmerksam. Seine politischen Macken, die würde sie ihm schon noch ausreden können – später. So einen Typen konnte man doch nicht sausen lassen!

Endlich war die Schule aus. Kristin überlegte, ob sie gleich zu Carl gehen sollte. Den ganzen Morgen hatte sie seinen Geruch in der Nase gehabt … Aber sie brauchte frische Klamotten. Sie fuhr nach Hause und zog sich um.
Sie wollte gerade das Haus verlassen, als ihr Handy klingelte. Sie wusste, es war Carl. Sie hatte für ihn einen eigenen Klingelton.
„Hallo!“, hauchte sie ins Telefon.
„Hallo.“
Kristin stutzte. Er klang irgendwie nicht so liebevoll wie sonst. Hatte sie etwas falsch gemacht?
„Ich brauche deine Hilfe“, sagte er in ihre Gedanken hinein.
Kristin war beruhigt. Vermutlich hatte er nur Stress. „Was soll ich machen?“
„Kennst du den ‚Grünen Baum‘?“, wollte Carl wissen.
„Klar.“ Es war ein Gasthaus in der Nähe des Fußballstadions.
„Kannst du da den größeren der beiden Nebenräume für mich reservieren? Für heute Abend?“
„Klar“, sagte Kristin wieder. „Aber warum machst du das nicht selber?“

Carl zögerte. „Ach, es gab da mal ein Problem mit dem Wirt“, sagte er schließlich. „Jetzt will er mir den Raum nicht mehr geben.“
„Für wen soll ich ihn denn buchen?“, fragte Kristin.
„Mach’s ruhig auf deinen Namen.“
„Aber bin ich nicht zu jung dafür?“
Carl lachte. „Das sehen die am Telefon ja nicht.“
Da hatte er natürlich Recht. Doch dann fiel Kristin noch etwas ein: „Und was sag ich denen? Ich mein, wozu brauch ich den Raum?“
Wieder zögerte Carl. Dann sagte er: „Kannst du sagen, dass es für eine Theaterprobe ist?“
„Ist das nicht etwas kurzfristig?“, wandte Kristin ein.
„Vielleicht gab’s ja in dem anderen Raum einen Wasserschaden?“, schlug Carl vor. Klang seine Stimme tatsächlich genervt? Oder bildete sie sich das nur ein?
„Klingt logisch“, sagte Kristin deshalb schnell. „Kannst dich auf mich verlassen. Ich ruf da gleich an. Für wie viel Uhr?“
„Sieben. Du solltest dann natürlich heute Abend auch dabei sein“, sagte Carl und

hörte sich wieder gewohnt liebevoll an. „Nur für den Fall, dass sie nach dir fragen“, fügte er ironisch hinzu.
„Ach, und sonst nicht?“, hakte Kristin im selben Ton nach.
„Nöö! Warum denn sonst noch?“
Kristin strahlte. Carls Stimme klang so zärtlich. „Dachte ja nur …“, hauchte sie ins Telefon.
„Rufst du mich an, wenn du den Raum hast?“
„Mach ich“, sagte Kristin. „Bis später.“
Sie drückte die rote Taste und lief ins Wohnzimmer. Aus dem Telefonbuch suchte sie die Nummer vom ‚Grünen Baum‘. Nervös tippte sie die Nummer in ihr Handy. Was, wenn sie ihr den Raum nicht gaben?
Aber es war gar kein Problem. Der Raum war noch nicht belegt und jetzt für Kristin gebucht. Sie musste nicht mal einen Grund angeben.
Überglücklich rief sie Carl an. „Ich hab ihn“, rief sie ins Telefon, als er abhob.
„Gut gemacht“, lobte er sie. „Dann sehen wir uns heute Abend, ja?“
Kristin hatte gehofft, sie würden sich schon am Nachmittag sehen.

„Bis heute Abend“, sagte sie ein bisschen enttäuscht und legte auf.

Kristin hatte ziemlich Bammel davor, mit ihrer Mutter zusammenzutreffen. Würde es erneut zum Streit kommen?
Doch erst einmal nahmen sie ihre Geschwister in Beschlag.
„Ziehst du jetzt aus?“, wollte Karim wissen.
„Wie kommst du denn auf die Idee?“, wunderte Kristin sich.
„Na, du hast doch gestern nicht hier geschlafen.“
Kristin gab ihm einen Nasenstüber. „Quatsch. Nur weil ich einmal nicht da bin, zieh ich doch nicht gleich aus.“
Karim war damit zufrieden. Aber jetzt wollte Salima wissen, wo sie gewesen sei.
„Bei ’nem Freund“, wich Kristin aus. Die Kleinen mussten ja nicht alles wissen …
„Bei deinem Freund?“ Salima ließ nicht locker.
Kristin musste lachen. „Ja, bei meinem Freund.“
„Heiratest du den?“

„Klar“, erwiderte Kristin. „Und du bist meine Brautjungfer.“
„Echt?“ Salima schaute sie mit offenem Mund an.
„Quatsch.“ Kristin gab ihr einen Klaps auf den Hintern. „Wo hast du denn den Schmarrn her? Wasch dir die Hände, und mach deine Hausaufgaben.“
„Hab ich schon gemacht“, sagte Salima.
„Dann geh spielen“, sagte Kristin. „Draußen ist so schönes Wetter.“
Sie selbst hatte noch etwas für die Schule zu tun. Immerhin wollte sie heute Abend weggehen. Und sie wollte sich nicht schon wieder mit ihrer Mutter streiten.

Die sah das offensichtlich genauso.
„Tut mir leid, wegen der Ohrfeige“, sagte sie, als sie nach Hause kam. Erschöpft ließ sie sich auf einen Küchenstuhl fallen.
„Ist okay“, murmelte Kristin.
„Glaub aber nicht, dass du jetzt ständig über Nacht wegbleiben kannst“, fügte sie hinzu.
„Aber ich hab doch angerufen“, erwiderte Kristin patzig. Ging der Stress schon wieder los?

„Ja, das war auch gut von dir", meinte ihre Mutter. „Ich hätte sonst die ganze Nacht kein Auge zugetan."
Kristin erkannte die Chance, Carl in ein positives Licht zu stellen. „Das war Carls Idee", sagte sie.
„Scheint ein kluges Bürschchen zu sein", erwiderte ihre Mutter und lächelte müde. „Bring ihn doch mal mit."
„Mach ich." Kristin beugte sich vor und drückte ihrer Mutter einen Kuss auf die Wange. „Tut mir auch leid, wegen gestern", murmelte sie. „Kann ich heute Abend weg?"
Ihre Mutter zögerte.
„Ich bin auch um zehn daheim."
„Wo gehst du denn hin?"
„Im ‚Grünen Baum' ist so'n Vortrag", log Kristin. „Den würd ich mir gern anhören."
„Ist dieser Carl auch dabei?"
Kristin nickte.
„Na, meinetwegen", seufzte ihre Mutter. „Aber um zehn bist du zu Hause, verstanden? Wenn nicht, kriegst du für den Rest der Woche Hausarrest."
„Danke, Mama!" Kristin drückte ihr noch einen Kuss auf die Wange, dann rannte

sie in ihr Zimmer. Sie musste doch noch die richtigen Klamotten finden!

Der Raum war schon gut gefüllt, als Kristin eintraf. Sie hatte extra herumgetrödelt, um nicht zu früh da zu sein. Ein paar Gesichter kamen ihr von dem Abend im Wald bekannt vor.
„Hallo“, sagte sie zu dem Mädchen, das ihr eine Decke gegeben hatte. Wie war noch mal ihr Name? Richtig, Friederike. Sie sah nett aus, Kristin mochte sie.
„Hallo“, erwiderte Friederike. „Schön, dass du kommen konntest.“
Auch andere bekannte Gesichter waren da. Sie winkten ihr zu, und Kristin grüßte lächelnd zurück. Aber alle waren ganz schön beschäftigt, und bald stand sie ziemlich alleine herum. Sie suchte Carl, aber der war nirgends zu sehen.
Bald nahm etwas ganz anderes ihre Aufmerksamkeit in Beschlag: Eine Handvoll junger Männer stach aus der Menge hervor. Sie hatten T-Shirts an, auf denen groß 88 stand. Darüber trugen sie schwarze Kapuzenjacken,

wie Carl eine hatte. Aber auf manchen der Jacken stand groß „Deutschland“. Ihre Haare waren extrem kurz geschnitten, zwei hatten sogar eine Glatze.
Kein Zweifel: Skinheads. Kristin spürte, wie ihr Herz stockte. Sie sahen wie brutale Schläger aus. Gehörten sie etwa auch zu Carls Freunden? Mit solchen Schlägertypen wollte sie nichts zu tun haben!
Wo war Carl bloß? Er musste kommen und ihr sagen, dass die Skins hier nichts zu suchen hätten! Er musste ihr sagen, dass diese Leute … Ja, was denn? Sie spürte, dass sie leicht zitterte.
„Wer bist du denn?“, fragte ein Mädchen unfreundlich. „Dich hab ich hier noch nie gesehen.“
„Ich bin auch zum ersten Mal hier“, erwiderte Kristin unsicher. Dann fügte sie etwas selbstbewusster hinzu: „Ich hab den Raum reserviert. Ich gehöre zu Carl.“
„Ach, du bist das“, sagte das Mädchen.
Kristin fragte sich, was Carl über sie berichtet hatte.
„Ich bin Kristin“, sagte sie und hielt die Hand hin.

„Nadja“, erwiderte das Mädchen und ignorierte Kristins Hand. „Ich muss nach vorne“, ergänzte sie und deutete Richtung Bühne.
Kristin schaute Nadja nach. Wie die meisten Leute hier im Saal trug sie Jeans und T-Shirt. Klar, ein paar der Anwesenden trugen diese schwarzen Kapuzenjacken, aber sonst waren nirgends typische Naziabzeichen zu sehen. Die kleine Gruppe Skinheads stand total isoliert am Rand des Saals, versuchte Kristin, sich zu beruhigen. Gar kein Grund zur Sorge. Die Mehrheit der Anwesenden war bestimmt harmlos.

„Hallo, da bist du ja.“
Carl! Endlich. Dankbar schmiegte Kristin sich an ihn. Doch die Freude dauerte nur kurz.
„Tut mir leid, ich muss mich um die Anlage kümmern“, sagte er und drückte ihr einen Kuss auf die Haare.
Er lächelte sie kurz an und wandte sich ab.
Kristin seufzte. Das konnte ja heiter werden.

7

Nach einigen schrillen Misstönen gelang es Carl endlich, die Mikrofone richtig einzustellen.
„Deutsch, deutsch, deutsch“, sagte er nun schon zum dritten Mal als Test. Lautes Gejohle brach aus, als endlich nichts mehr rauschte und pfiff.
„Kameraden, Kameradinnen“, sagte Carl. „Schön, dass ihr alle da seid.“
Lautes Klatschen.
„Wie immer zu Beginn unserer Treffen hören wir ein paar Lieder zum Warmwerden.“ Carl nickte einem Jungen zu, der an einem Kasten einen Knopf drückte.
Kristin horchte überrascht auf, als „Männer“ von Herbert Grönemeyer ertönte. Das hatte sie nun überhaupt nicht erwartet. Sie wippte im Takt mit. Ihr Blick fiel auf einen der Skinheads. Er grinste fies. Was gab es da so blöd zu feixen?
Kristin stutzte. Das war weder Grönemeyers Stimme noch der Text, den sie kannte: „Zecken sind geisteskrank. Zecken schreien ‚Nazis raus!‘. Zecken sind furchtbar dämlich.

Sie quatschen dich voll vom Holocaust."

Kristin hatte einen Knoten im Magen. Der Text war zu eindeutig. Aber wie passte Carl hier herein? Ihr zärtlicher, liebevoller Carl? Was ging bloß in ihm vor?

Es folgten noch weitere Hits, auch sie mit anderen Texten. Dann herrschte endlich Ruhe. Kristin atmete tief durch. Alle setzten sich und schauten erwartungsvoll nach vorne. Zuerst kam einer der Skinheads. „Dem möchte ich wirklich nicht im Dunkeln begegnen", dachte Kristin. Er war nicht besonders groß, hatte aber viele Muskeln und wirkte dadurch ziemlich dick. Seine Arme und sein Nacken waren übersät von Tattoos. Die extrem kurzen Haare gaben ihm das Aussehen einer Bulldogge.

„Kameraden und Kameradinnen", dröhnte seine Stimme durch den Saal. „Wir haben zwei große Erfolge zu verbuchen."

Lautes Gejohle und Klatschen. Kristin fragte sich, warum alle schon applaudierten. Sie wussten doch noch gar nicht, worum es ging. Oder war nur sie die Dumme?

„… Asylanten-Lager letzte Woche endlich aufgelöst und …“ Seine Stimme überschlug sich beinahe. Der Rest der Rede ging im lauten Geschrei der Menge unter.

Die Bulldogge redete noch gut zehn Minuten, doch Kristin bemühte sich, nicht hinzuhören. Politik war ihr sowieso schon immer egal gewesen, redete sie sich ein; was kümmerte es sie da, was die Bulldogge quatschte? Stattdessen suchte sie in der Menge nach Carl. Er stand vorne, neben der Bühne. Seine kurzen blonden Haare leuchteten im Licht der Schweinwerfer, und er sah zu ihr hin. Als die Bulldogge besonders laut wurde, verdrehte er leicht die Augen und grinste sie an. „Der ist genervt von dem Typen“, dachte sie erleichtert und deutete ein Kopfnicken an. Er sah so unverschämt gut aus! Kristin verspürte ein Ziehen in der Magengegend. Die Bulldogge war fertig und wurde heftig beklatscht. Als nächste Rednerin kam Nadja. Kristin lehnte sich angespannt vor. „Kameradinnen, Kameraden“, sagte auch sie zur Begrüßung. „Ich möchte heute das Thema

Familie ansprechen. – Es ist eine Tatsache, dass das deutsche Volk ausstirbt.“ Sie machte eine kurze Pause. „Das dürfen wir nicht zulassen!“
Wieder lautes Klatschen und Schreien.
„Immer mehr Ausländer kommen nach Deutschland. Sie vermehren sich wie die Karnickel. Sie kassieren Geld, das uns Deutschen zusteht. Sie nehmen uns die Arbeitsplätze weg. Und sie werden uns auch noch die Rente wegnehmen!“
Lang anhaltender Applaus.

Kristin fragte sich, ob die Jugendlichen um sie herum das wirklich alle so meinten. Auch wenn sie sich nicht um Politik kümmerte, wusste sie, dass die Ausländerdiskussion Blödsinn war. Sie hatten erst neulich in Sozialkunde darüber geredet.
Nadja redete sich in Fahrt, und schließlich kamen in ihrer Rede Begriffe wie „Blutreinheit“, „Rassenschande“ und „stolze weiße Rasse“ vor. Ihre Stimme wurde immer höher und keifender. Schon deshalb war es eine echte Qual, ihr zuzuhören.

Als Nadjas Rede endlich vorüber war, bekam sie langen und lauten Applaus und fand sichtlich Gefallen daran.
„Eingebildete Kuh“, dachte Kristin wütend. Als sie sah, dass auch Carl heftig klatschte, war sie den Tränen nahe. Es war zu eindeutig. Sie hatte sich in einen Neonazi verliebt!
Carl war der nächste Redner. Es gab anerkennende Pfiffe, bevor er überhaupt etwas gesagt hatte. Als Carl den rechten Arm hob, wurde es schlagartig still.
Einen winzigen Moment lang hoffte Kristin, er würde die Menge zur Vernunft auffordern. Würde sagen: „Leute, das ist doch alles Quatsch, was ihr hier sagt. Ausländer sind auch Menschen wie wir. Wir müssen sie achten und respektieren.“
Doch auch Carl begann mit: „Kameradinnen und Kameraden …“
Kristin senkte enttäuscht den Kopf. Sie wollte ihm gar nicht zuhören. Aber natürlich ließ es sich nicht vermeiden.
Carl verwendete mehr Fremdwörter als seine Vorredner und machte lange Sätze, denen man manchmal kaum folgen konnte. Unter anderem ging es um Ausländer, genau wie

vorher. Aber Carl betrieb keine platte Hetze. Kristin spitzte immer mehr die Ohren, um herauszufinden, was er sagen wollte.
Seine Stimme wurde mal laut, mal leise. Er machte dramatische Pausen, um die Spannung zu erhöhen, und erzählte zwischendurch von eigenen Erlebnissen, um das Gesagte zu untermalen. Widerwillig musste Kristin zugeben, dass er toll reden konnte …
Gerade sprach er darüber, dass jugendliche Ausländer häufig kriminell wurden. „Das stimmt“, schoss es ihr durch den Kopf. Das sah man oft genug im Fernsehen. Und dass zuerst mal Deutsche einen Ausbildungsplatz oder Job bekommen sollten, war ja auch nicht so verkehrt, oder? Schließlich war die Zahl der Arbeitslosen hoch genug …
Kristin entspannte sich etwas. Er war nicht extrem. Er war rechts, ja – aber nicht halb so krass wie die anderen. Er konnte seine Ansichten wenigstens begründen. Und mit der Bulldogge hatte er eh nichts zu tun. Der gehörte zu einer anderen Gruppe. Es hätte auch einfach nicht zu Carls sonstiger Art gepasst, wenn er ein richtiger Neonazi wäre …
Erleichtert überließ Kristin sich Carls Stimme.

Als sie sich kurz umblickte, sah sie, dass alle begeistert nach vorne starrten. Carl hatte einfach etwas an sich, das einen magisch anzog; und offenbar ging es auch den anderen so … Kristin spürte, wie neben all den anderen Gefühlen, die sie an diesem Abend hatte, plötzlich Stolz in ihr aufkeimte. Sie schämte sich. Sie wusste immer noch nicht, was sie von ihm zu halten hatte. Aber ja, sie konnte es nicht leugnen: Wenn sie ihn ansah, war sie stolz, dass sie seine Freundin war.
Carl bekam deutlich mehr Applaus als seine Vorredner. Kristin ließ sich von der Begeisterung der Menge anstecken und begann ebenfalls zaghaft zu applaudieren. Als er zu ihr hinsah, applaudierte sie stärker.
Sie wollte sofort mit Carl reden. Über Nadja, über die Bulldogge, und auch über das, was er selbst gesagt hatte. Aber das wollten zig andere auch. Und sie musste dringend aufs Klo.
„Manche tragen ganz schön dick auf, was?“, zwinkerte Friederike ihr zu, als sie an ihr vorbeiging. Dafür hätte Kristin sie umarmen können.

„Was machst du denn hier?"
Kristin wandte sich um. Vor ihr stand Julian.
„Könnt ich dich ja auch fragen", fauchte sie zurück. „Läufst du mir etwa nach?"
Julian zog eine Grimasse und deutete hinter sich. „Ich bin mit ein paar Kumpels vom Fußball hier. Wir hatten Training."
Stimmt. Heute war Mittwoch. Da hatte Julian Fußballtraining. Wusste sie natürlich … Kristin verzog das Gesicht. Julian und sie waren ja fast wie ein altes Ehepaar.
„Und? Was machst du hier?" Julian ließ nicht locker.
Kristin zeigte vage in Richtung Saal. „Ich bin bei 'nem Vortrag", sagte sie.
„Was denn für'n Vortrag? Ich hab gar keine Ankündigung gesehen."
„Das war eher spontan", wich Kristin aus.
In diesem Moment kam Nadja mit zwei weiteren Mädchen aus der Toilette. Sie musterten Kristin und Julian von oben bis unten und verzogen die Gesichter. Dann verschwanden sie im Saal.
„Du … du bist doch nicht etwa mit denen da?", fragte Julian. Er schien vollkommen perplex zu sein.

Kristin war genervt. Was hatte er denn jetzt schon wieder auszusetzen?
„Doch“, schnauzte sie. „Passt dir was nicht?“
Julian schaute sie erstaunt an. „Du weißt schon, was das für welche sind, oder?“
„Klar“, sagte Kristin selbstbewusst. Es ging Julian nichts an, mit wem sie ihre Zeit verbrachte. „Das sind Leute, die mich nicht wie ’n Baby behandeln.“
„Ich behandle dich nicht wie ein Baby!“, fauchte Julian. „Die eine kenne ich von meiner Schule. Die verteilt CDs mit rechter Musik! Mensch Kris, das sind Rechtsradikale“, sagte er leiser. „Da kannst du dir jede Menge Ärger einfangen.“
„Du bist ja bloß sauer, dass ich ’nen Freund hab“, fauchte Kristin wütend. Das fehlte noch, dass er anfing, ihr zu sagen, mit wem sie ihre Zeit zu verbringen hatte!
Julian verzog das Gesicht, als habe er auf eine Zitrone gebissen. Doch Kristin nahm sich fest vor, sich nicht einschüchtern zu lassen.
„Renn mir nicht dauernd hinterher“, schnaubte sie. „Ich bin alt genug und kann auf mich selber aufpassen.“

Julian fasste ihre Hand. „Kris, hör auf mich. Das sind Neonazis. Ist dir das denn gar nicht aufgefallen?"
Kristin riss sich los. „Lass mich. Ich bin nicht bescheuert, ok? Ich weiß schon, was ich tu."
„Du spinnst ja", sagte Julian. „Wissen die, dass Salima und Karim einen Ausländer zum Vater haben?"
„Das geht die nix an", erwiderte Kristin. „Außerdem würde die das nicht stören." Sie wandte sich um. „Ich geh jetzt wieder rein."
Julian hielt sie am Arm fest. „Kristin", sagte er eindringlich. „Gib dich nicht mit solchen Leuten ab. Die sind rechts. Die hetzen gegen Ausländer. Die sind gefährlich!"
„Na und?", gab Kristin zurück. „Dann sind die eben rechts! Aber sie sind trotzdem viel cooler als gewisse andere Leute!" Wieder riss sie sich los. „Und jetzt lass mich endlich in Ruhe."

8

In den nächsten Tagen war Kristin ständig hin- und hergerissen.
Zum einen waren da die Gewissensbisse. Konnte sie sich mit Rechtsradikalen abgeben? Aber außer den Reden hatte es bisher nichts gegeben, das anstößig gewesen wäre. Und reden taten ja viele Leute. Zum Beispiel der alte Nachbar zur Linken. Der schimpfte dauernd über die Ausländer.
„Lass ihn reden", sagte Mama dann immer. „Der weiß doch gar nicht, was er da sagt. Der ist harmlos."
Kristin hoffte inständig, Carl möge sich auch nur aufs Reden beschränken.
Soweit sie das beurteilen konnte, war dem auch so. Und das war das andere: Kristin hatte wirklich Spaß mit der Gruppe, und sie fühlte sich immer wohler. Man traf sich ein bis zwei Mal in der Woche, meist zu Ausflügen in die umliegenden Wälder, manchmal auch in irgendwelchen Kneipen. (Im ‚Grünen Baum' waren sie nicht mehr – anscheinend hatte es wieder Probleme mit dem Wirt gegeben …)

Kristin war heilfroh, dass niemals Skins dabei waren. Die, die mitkamen, waren bis auf Nadja eigentlich echt in Ordnung. Und sie freuten sich immer, wenn Kristin dabei war …
Jeder hatte seine Aufgabe. Grillzeug besorgen, Getränke, Holz holen … Und irgendwie herrschte so ein gegenseitiger Respekt. Die Stimmung war meistens prima, und sie quatschten über alles Mögliche, nicht bloß über Politik. Besonders mit Friederike verstand Kristin sich immer besser.
Manchmal plante die Gruppe eine Veranstaltung. Baute Infostände auf oder verteilte Flugblätter. Mehr als einmal herrschte Nadja sie an, dass sie sich an solchen Aktionen beteiligen sollte. Aber Kristin hatte dann immer ein blödes Gefühl im Bauch, und sie drückte sich darum. Sie hatte immer noch vor, mit Carl über seine Ansichten zu sprechen – aber sie schob es ständig vor sich her.
Es war so schön mit ihm. Aber manchmal konnte er ganz schön wütend werden, ganz plötzlich …
Und letztendlich war er es ja, der dafür sorgte, dass alles im vernünftigen Rahmen blieb. Da war sie sicher. Wenn eine Aktion

geplant war, gab es fast immer Krach zwischen Nadja und ihm. Nadja war einfach total radikal, fand Kristin. Sie hatte keine Ahnung, was Nadja wollte, aber offenbar reichten ihr Infostände und Flugblätter nicht …
Da war sie bei Carl aber an der falschen Adresse! Der redete dann mit Engelsgeduld auf sie ein.
Einmal sagte er: „Du weißt, dass das im Moment nicht geht. Sie haben uns auf dem Kieker." Kristin hätte gerne gewusst, was er damit meinte. Aber als sie ihn später danach fragte, wich er aus und meinte nur: „Ach, diese Frau geht mir auf die Nerven."
Das gefiel Kristin, denn sie fand Nadja eingebildet und arrogant. Ständig hatte sie etwas an ihr auszusetzen. Außerdem wollte sie dauernd, dass Kristin auch bei den Aktionen dabei war. Und Kristin pfiff auf diese Aktionen, wirklich! Sie wollte nicht einmal sehen, was in den Flugblättern so drinstand.
Einmal verteidigte Carl Kristin: „Sie hat keine Zeit dafür, wegen ihrer Geschwister."
Später sagte Friederike zu Kristin: „Denk dir nichts. Sie greift jede an, die mit Carl zusammen ist."

Kristin lächelte dankbar. Ihre neuen Freunde nahmen ihre Probleme wirklich ernst. Sie beschloss, Nadja so gut wie möglich zu ignorieren. Die war ja nur eifersüchtig! Aber Carl gehörte zu ihr, das war mal klar.

Mit ihrer Mutter gab es immer wieder Stress. Gerade stand sie in der Tür zu Kristins Zimmer – offenbar schon seit einiger Zeit. Kristin hatte sie nicht bemerkt, weil sie mit dem Rücken zur Tür vor dem CD-Player hockte. „Was hörst du denn da für komische Musik?", rief die Mutter.
„Rock halt", murmelte Kristin. „Verstehst du nicht."
„Werd nicht frech, verstanden?"
Kristin verdrehte die Augen. Die mischte sich wirklich in alles ein! Und immer dieser besserwisserische Tonfall …
„Hast du mal zugehört, was die da singen?" Ihre Mutter ließ nicht locker.
„Na und", erwiderte Kristin. „Ist doch nichts dabei."
„Ist doch nichts dabei? Bist du von allen guten Geistern verlassen?" Die Stimme ihrer

Mutter überschlug sich fast. „Wo hast du die denn her?“
Kristin drehte sich endlich um. „Von Carl“, zischte sie, aber im nächsten Moment wünschte sie, sie hätte den Mund gehalten. Nach einem weiteren Treffen im Wald hatte Carl ihr mehrere CDs in die Hand gedrückt. „Hör doch mal rein“, hatte er gesagt. „Die hören wir grad alle rauf und runter. Sind ziemlich selten, zeig sie also nicht jedem, okay?“, hatte er noch hinzugefügt. „Nicht, dass sie geklaut werden.“
Kristin hatte sich geschmeichelt gefühlt. Sie stand zwar eigentlich nicht auf Rock, Hip-Hop und Soul fand sie viel besser. Trotzdem musste sie jetzt mal reinhören. Sie wollte schließlich mitreden können ...

„Was ist dieser Carl für ein Typ?“, wollte ihre Mutter jetzt wissen.
„Ein netter.“
Ihre Mutter schüttelte müde den Kopf. „Julian sagt, das sind Neonazis.“
„Ach, Julian wieder! Glaubst du dem jetzt mehr als mir?“

Ihre Mutter sah sie traurig an. „Ich weiß nicht, wem ich glauben soll. Du hast dich verändert, seit du mit diesem Carl zusammen bist.“
„Klar. Ich bin erwachsener geworden“, rief Kristin. „Er behandelt mich eben nicht wie ein Kind!“ Sie deutete auf den Gang hinaus. „Und jetzt lass mich in Ruhe. Ich muss lernen.“
Ihre Mutter wandte sich wortlos um und schloss die Tür hinter sich. Kristin stieß die Luft aus. Wie sie diesen Stress zu Hause hasste! Schon gestern Abend hatte es Stunk gegeben, weil Kristin eine halbe Stunde später als vereinbart nach Hause gekommen war. Eine halbe Stunde! Also bitte!
Wider Erwarten war ihre Mutter noch wach gewesen, und sie hatten sich lauthals gestritten. Schließlich war sie in ihr Zimmer gestürmt und hatte die Tür hinter sich zugeschlagen.
„Blöde Kuh“, murmelte Kristin, hatte aber ein schlechtes Gewissen dabei. Bisher war ihr Verhältnis zu ihrer Mutter immer einigermaßen gut gewesen. Aber bisher hatte Mama auch nicht dauernd an ihr herumgemeckert.
Kristin drehte den CD-Player noch etwas lauter. Natürlich konnte sie sich dabei nicht

aufs Lernen konzentrieren. Und morgen schrieb sie diese blöde Sozialkundearbeit!

„Ist doch eh egal“, murmelte Kristin, tippte mit dem großen Zeh auf den Pausenknopf und wählte Carls Nummer.

„Hallo Süße“, begrüßte er sie.

„Ich hab schon wieder Ärger daheim“, sagte Kristin anstatt einer Begrüßung.

„Willst du vorbeikommen?“

Das hatte Kristin gehofft. „Klar. Ich bin in einer halben Stunde da.“

Sie packte ein paar Sachen in ihren Rucksack, steckte auch noch das Sozialkundebuch ein und stellte den CD-Player aus.

„Ich geh zu Carl“, rief sie in die Küche, wo ihre Mutter mit ihren Geschwistern saß.

„Um zehn bist du wieder da“, rief ihre Mutter.

„Mal sehen“, sagte Kristin leise und verließ das Haus.

„Hallo“, begrüßte Carl Kristin zärtlich und gab ihr einen Kuss. „Was ist denn los daheim?“

„Ach, meine Mutter spinnt total. Immer will sie mich bevormunden.“ Kristin kuschelte

sich an ihn. „Sie will einfach nicht kapieren, dass ich erwachsen werde.“
„Hab ein bisschen Geduld“, sagte Carl und knabberte an ihrem Ohr. „Eltern brauchen Zeit. Müssen sich erst mal an die selbstständige junge Dame gewöhnen, die du langsam wirst. Und da dran, dass du jetzt dein eigenes Leben führst. Und deine eigene Meinung hast. Meine haben das auch lange nicht kapiert.“
„Ich will jetzt nicht mehr über meine blöde Mutter reden“, sagte Kristin leise und suchte Carls Mund.
„Hör mal“, sagte er einige Zeit später. „Ich brauch deine Hilfe.“
„Soll ich wieder den Saal anmieten?“, fragte Kristin.
Er schüttelte den Kopf. „Nee. Wir haben doch nächstes Wochenende das Sommerfest. Eigentlich sollte Mandy die Losbude übernehmen. Aber eines ihrer Kinder hat sich den Arm gebrochen. Und sie will den Kleinen nicht allein daheim lassen.“ Carl sah sie an, als bitte er sie um einen riesigen Gefallen. „Würdest du das vielleicht machen? Sonst haben wir den Kleinen nicht viel zu bieten …“

Kristin überlegte. Er sah sie flehend an. "Na klar!", sagte sie schließlich. Das würde ihr bestimmt Spaß machen.
Carl drückte ihr einen Kuss auf den Mund. „Das ist toll. Ich hab mir schon Sorgen gemacht, wie wir das hinkriegen." Er sah Kristin ernst an. „Und du bist genau die Richtige dafür!" Sie lächelte stolz. Er stand auf und holte sein Handy vom Schreibtisch. „Ich sag nur schnell den anderen Bescheid."
„Ich geh mal aufs Klo", flüsterte Kristin und verschwand im Bad. Glücklich betrachtete sie ihr Gesicht im Spiegel. Ja, sie war definitiv erwachsener geworden, seit sie mit Carl zusammen war. Da war so ein ernster Zug, den sie vorher nicht gesehen hatte. Sie mochte das.

„... nein, natürlich nicht", hörte sie Carls Stimme, als sie zurückging. „Das hab ich dir doch schon hundert Mal erklärt. Bei manchen dauert das eben etwas länger. ... Nein, ich bin sicher, dass es richtig ist. ... Nein, das lass mal meine Sorge sein. ... Bisher hattest du auch nichts an meiner Arbeit

herumzumeckern. … Lass uns morgen darüber reden. Ich kann jetzt nicht. … Ja, du auch."
„Gibt's Ärger?", wollte Kristin wissen, als sie ins Zimmer kam. Irgendwie hatte sie das Gefühl, dass sie dieses Telefonat besser nicht gehört hätte.
Carls Miene spiegelte den Ärger deutlich wieder. Aber er bemühte sich um ein Lächeln. Es misslang. Dennoch sagte er: „Nein, alles bestens." Er griff nach Kristins Hand und zog sie zu sich. „Manchmal sind wir in der Organisation eben unterschiedlicher Meinung." Er küsste sie. „Kein Grund zur Sorge."

Es war ein wunderbarer Tag. Die Sonne schien, alle waren bester Laune, alle freuten sich über das gemeinsame Fest. Alle außer Nadja.
Sie drückte Kristin einen Stapel Blätter in die Hand. „Verteil das", sagte sie im Befehlston. Kristin spürte ein Ziehen im Bauch. Widerwillig starrte sie die Blätter an. „Überfremdung stoppen", stand da. Und: „Ausländer rein? Wir sagen nein!"

Entsetzt wollte sie Nadja den Stapel zurückgeben. „Das verteil ich nicht", sagte sie. Nadja nahm die Blätter nicht entgegen, sodass sie auf den Boden fielen. Ein Windhauch wehte einen Teil von ihnen davon.
„Sammel sie gefälligst ein", herrschte Nadja Kristin an. „Das kostet alles Geld."
Zum Glück stieß in diesem Moment Carl zu ihnen. „Na, Mädels, alles in Ordnung?", feixte er.
Nadja und Kristin starrten ihn wütend an.
„Was ist los?"
„Sie arbeitet einfach nicht mit. Du hast gesagt, du kümmerst dich darum", sagte Nadja, als sei Kristin gar nicht vorhanden.
„Mach ich ja auch", sagte Carl und wollte Nadja wegziehen. Kristin war empört. Das war doch die Höhe!
„Ich verteil so was nicht", rief sie noch mal. Nadja lachte spöttisch. „Auf wessen Seite stehst du eigentlich? Carl hat ja schon erzählt, dass du eine harte Nuss bist. Allmählich solltest du dich aber für unsere Sache einsetzen! Nur am Lagerfeuer sitzen und singen und hier ein paar Kindern Lose zu verkaufen, das ist auf Dauer zu wenig für uns."

Kristin wollte auf Nadja losgehen, doch Carl hielt sie zurück. „Hört auf damit“, sagte er zu beiden. Und zu Nadja gewandt: „Ich hab gesagt, ich kümmere mich darum. Und das tu ich auch.“ Er schob sie weg. „Und jetzt geh zu deinem Stand.“
Nadja warf Kristin einen verächtlichen Blick zu und wandte sich ab.

„Was hat sie bloß gegen mich?“, wandte Kristin sich an Carl.
„Sie wollen, dass du mehr mitarbeitest“, sagte er. „Wenn du weiter bei uns mitmachen willst, müsstest du dich mehr eingliedern. Jeder in der Gruppe hat seine Aufgaben.“
Er zögerte. „Die anderen finden, deine Schonzeit ist vorbei.“ Sie brauchte gar nicht nachzufragen, um zu wissen, was das bedeuten sollte.
„Was wäre, wenn ich nicht will?“, fragte sie leise.
Carl zuckte die Achseln. „Dann gibt’s für dich keine Zukunft bei uns“, sagte er.
„Mir ist egal, was Nadja denkt“, sagte Kristin.
„Ist es dir wichtig?“

Zu ihrem großen Entsetzen nickte Carl. „Ja, es ist mir wichtig. Wenn wir zusammenbleiben wollen, müssen wir einer Meinung sein."
Kristin durchfuhr ein eisiger Schreck. Hieß das, er würde ihr den Laufpass geben, wenn sie sich nicht anpasste?

9

Sie gingen dem Streit aus dem Weg, indem Kristin sich um ihre Losbude kümmerte. Carl murmelte etwas von: „Da muss ich mal nachschauen."
„Die spinnen doch", flüsterte Kristin, während sie die Preise auf die Bretter stellte und ihnen Nummern zuordnete. Aber insgeheim war ihr klar, dass sie sich Carls Wünschen beugen würde. Endlich hatte sie einen Freund, der sie ernst nahm. Und der auf sie zählte. Das würde sie nicht wegen ein paar Flugblättern aufgeben. Wenn's ihm so wichtig war ... Sie würde ihn schon noch zur Vernunft bringen. Bei Nahem betrachtet, waren die Inhalte auch viel harmloser als gedacht. „Wir haben nichts gegen Ausländer", stand da zum Beispiel. „Solange sie in ihrem Land bleiben." Das war so das Motto. Das war sicher nicht nett, aber es war wenigstens ehrlich …
Neben der Bude, an der man Büchsentürme umwerfen konnte, war Kristins Losbude der Renner. Gleich zu Beginn erkannte sie, dass es besser war, die Preise ohne Losnummern zu vergeben. Denn wenigstens eines war

auch in dieser Gruppe wie überall: Die Kinder quengelten, wenn sie nicht bekamen, was sie wollten.
„Ich will aber den braunen Bären“, brüllte ein Junge namens Armin. Nach langer Diskussion mit der Mutter rückte Kristin ihn endlich heraus.
Es machte ihr großen Spaß. Kristin vergaß ihren Kummer und auch den Stress mit Nadja. Sie genoss das schöne Wetter und die Freude der Kinder.
Irgendwann neigte sich das Fest dann dem Ende zu. Kristin hatte alle Preise an den Mann bzw. das Kind gebracht. Sie legte die Bretter, die ihre Bude gebildet hatten, auf einen Haufen. Irgendjemand würde sie schon holen.
„Na, war's schön?“, wollte Carl wissen.
Er gab ihr einen Kuss.
„Ja“, strahlte Kristin. „Es war klasse.
Ich glaub, ich mach mal was mit Kindern.
Das macht Spaß.“
„Das ist lobenswert“, erwiderte Carl und bat sie, die restlichen Bretter mitzunehmen.
Kristin merkte, dass er ernster war als sonst.
„Hast du was?“, wollte sie wissen.

„Ne, wieso?“
„Du bist so komisch“, sagte Kristin.
„Das bildest du dir bloß ein“, erwiderte Carl.
Aber Kristins Gefühl blieb.
Als alles aufgeräumt war, wurde noch auf das erfolgreiche Fest angestoßen. Wieder spürte Kristin deutlich den Zusammenhalt in der Gruppe.

Als Carl auf dem Heimweg fragte: „Hast du nachgedacht?“, wusste Kristin sofort, was er meinte.
„Es muss ja sehr wichtig sein“, sagte sie.
„Ist es auch. Wir haben nun mal eine bestimmte Überzeugung. Und wer bei uns mitmacht, sollte auch dieser Überzeugung sein. Die verbindet uns.“
„Seid ihr Neonazis?“ Kristin hielt die Luft an. Eigentlich hatte sie das gar nicht fragen wollen. Aber jetzt war es raus.
„Das würde ich so nicht sagen“, wich Carl aus. Er schaute sie ernst an. „Alles, was wir wollen, ist, dass die Deutschen mehr unter sich bleiben. Es steht doch auch auf den Flugblättern: Wir haben nichts gegen

Ausländer – solange sie in ihrer Heimat bleiben. Vor allem wollen wir was für unser Land tun. Da hast du doch nichts dagegen, oder?“
Er fasste Kristin ans Kinn. Sie musste lächeln.
„Lass uns jetzt nicht über Politik reden. Der Abend ist viel zu schön.“ Er nahm ihre Hand.
„Ich dachte, wir könnten noch an den See fahren. Was meinst du?“
Kristin zögerte. Carls Antwort stellte sie nicht zufrieden. Außerdem hatte sie das Gefühl, dass er sie gerade nicht sehr ernst nahm. Andererseits war das Wetter wirklich viel zu schön, um zu streiten. Das Thema musste noch mal auf den Tisch kommen – bloß nicht jetzt. Nicht heute. Später.
Sie nickte.
Sie fuhren mit den Rädern zum See, schwammen ein paar Runden und lagen dann nebeneinander auf einer Decke, die Carl mitgebracht hatte.
„Wenn es dir wirklich so wichtig ist“, flüsterte Kristin ihm später ins Ohr, „dann verteil ich eben auch Flugblätter. “
Als Antwort bekam sie einen langen und intensiven Kuss.

Kristin hatte sich in den letzten Tagen sehr bemüht, pünktlich zu Hause zu sein und sich um ihre beiden Geschwister zu kümmern.
Sie tat es, um abends weggehen zu dürfen.
Aber auch, um ihr schlechtes Gewissen zu beruhigen. Es war eine Art Wiedergutmachung.
Sie verteilte jetzt morgens immer regelmäßiger Flugblätter und CDs vor den Schulen in ihrer Stadt. Dabei musste sie sich ganz schön in Acht nehmen, um nicht von irgendwelchen Lehrern blöd angemacht zu werden. Den Druck in der Magengegend wurde sie nie ganz los. Aber während sie sich mit Salima und Karim befasste, wurde es zumindest besser.
Der positive Nebeneffekt ihrer familiären Bemühungen war, dass sie ihren Freund bei ihrer Mutter in ein gutes Licht stellen konnte.
„Das hast du Carl zu verdanken“, sagte sie, als die Mutter sie wegen ihrer Pünktlichkeit lobte. „Er legt Wert auf so was.“
„Bring ihn doch mal mit“, schlug die Mutter vor. „Dann lern ich den Wunderknaben endlich

mal kennen. Und dann kann ich ihm mal persönlich auf den Zahn fühlen!"
Ob sie immer noch misstrauisch war, weil Julian die Klappe nicht halten konnte? Egal. Carl würde sie um den kleinen Finger wickeln, so charmant und erwachsen, wie er war!
„Mach ich", rief Kristin und kippte den letzten Rest Tee hinunter. „Aber jetzt muss ich erst mal in die Schule."
Sie drückte ihrer Mutter einen Kuss auf die Wange und rannte hinaus.

Bisher hatte sie es vermeiden können, Julian zu begegnen. An diesem Morgen aber war er ihr offensichtlich gefolgt und legte ihr plötzlich eine Hand auf die Schulter.
„Was willst du?", fragte Kristin eine Spur zu aggressiv.
Julian deutete auf die Flugblätter: „Warum machst du das? ‚Alle Ausländer sind kriminell', und so was? Bist du bescheuert? Das ist doch nicht deine Überzeugung!"
„Und wenn doch?", fauchte Kristin. „Geht's dich was an? Lass mich doch endlich in Frieden."

„Ich hoffe, du wachst bald auf“, sagte Julian besorgt. „Bevor es zu spät ist.“
Kristin öffnete den Mund, um ihm zu sagen, was der Anlass für die heutige Flugblattaktion war. Vor einigen Tagen war hinten bei den Tennisplätzen ein Mädchen vergewaltigt worden. Alle hatten davon gehört, die ganze Stadt war total erschüttert. Und Carl hatte ihr gestern erzählt, dass man mittlerweile wusste, wer's gewesen war: Ein Türke, der seit einigen Jahren in Deutschland lebte … ‚Und das ist nur ein Beispiel‘, hatte er hinzugefügt. ‚Guck dir mal die Statistiken an!‘
Kristin kannte die Statistiken nicht. Aber vielleicht kannte Julian die auch nicht, und es würde ihn erst einmal zum Schweigen bringen. Aber tief in sich wusste Kristin, dass er dem etwas entgegenzusetzen hätte – also drehte sie sich schließlich wortlos um und ließ ihn stehen. Dennoch ärgerte sie sich den ganzen Morgen über ihn – und über das schlechte Gewissen, das sich mal wieder in ihr rührte.
Meine Güte, die paar Flugblätter! Was konnten die schon anrichten? Und es war ja nicht mal so ganz falsch, was darin stand! Manches,

was Carl erklärte, klang wirklich plausibel, und sie … Mein Gott, sie griff doch nur der Gruppe unter die Arme, was hatte sie mit Politik am Hut!
Nach der Schule verdrängte sie dann jeden Gedanken an Julian. Sie freute sich auf den Nachmittag mit Carl. Sie fuhren wieder an den See und genossen das schöne Wetter. Carl verriet ihr, dass alle ganz begeistert seien von ihrem Engagement. Später, beim Treffen, würde Nadja das auch noch einmal extra erwähnen.
Und da fühlte sich Kristin stolz. Sogar Nadja erkannte sie jetzt als volles Mitglied der Gruppe an! Die leise Stimme, die sie ermahnte, nichts Falsches zu tun, ignorierte sie jetzt vollkommen.

Vor dem Laden, in dem das abendliche Treffen stattfinden sollte, stand eine Gruppe Kroaten. Kristin erkannte Josip, seinen Kumpel Marko und dessen Freundin Katarina aus ihrer Schule. Sie nickte ihnen zu.
Die beiden Jungs verstanden das offensichtlich falsch, sie kamen auf sie und Carl zu.

„Hey, Krissi, wie geht's denn so?", sagte Josip mit breitem Grinsen. Seine Stimme klang verzogen, als ob er getrunken hätte.
„Ganz gut", erwiderte Kristin und wollte vorbeigehen.
Aber Josip hielt sie am Arm fest. „Wo willst du denn hin?" Er deutete auf seine Kumpels. „Komm doch zu uns. Da isses lustig."
Sie hatten schon öfter was miteinander gemacht. Josip war ein netter Kerl, mit jeder Menge Humor. Aber Kristin war nervös, weil Carl dabei war.
„Lass mich los", zischte sie etwas zu unfreundlich und riss sich los.
Carl richtete sich drohend auf. Er war mindestens einen Kopf größer als Josip.
„Lass sie los, oder es setzt was", sagte er.
„Uuuuh, jetzt hab ich aber Angst", rief Josip lachend und hielt die Hände über den Kopf.
Kristin hatte ein blödes Gefühl im Bauch.
Sie griff nach Carls Hand und versuchte, ihn wegzuziehen. „Komm, lass sie doch. Die haben zu viel intus. Die kann man nicht ernst nehmen."
Aber Carl reagierte nicht auf ihre Bitte. In der Zwischenzeit waren andere von der Gruppe

dazugekommen. Sie bildeten einen Kreis um Kristin, Carl und die beiden Jungen.
„Entschuldige dich bei ihr“, forderte Carl von Josip.
„Was?“ Josip lachte. „Du spinnst ja. Ich hab ihr doch nichts getan.“
„Du hast sie angefasst“, sagte Carl. „Wir wollen nicht, dass ihr unsere Frauen anfasst.“
„Was seid ihr?“, spottete Josip. „Ein verdammter Geheimbund oder was?“
Er beugte sich vor, um Kristins Hand zu ergreifen. Einer aus der Gruppe stieß ihn zur Seite.
„Lasst ihn doch“, rief Kristin erneut. „Er hat doch nichts getan.“
„Diesen Typen muss man Respekt beibringen“, rief einer. Und als ob das das Kommando wäre, stürzte sich die Gruppe auf Josip und Marko.
Entsetzt sah Kristin, wie die beiden nach Strich und Faden verprügelt wurden.
„Hört auf“, rief sie immer wieder. „Hört auf. Sie haben nichts getan!“ Niemand achtete auf sie.
Kristin versuchte, einen der Schläger von Josip wegzuziehen. Sie bekam jedoch einen

heftigen Hieb in die Seite. Schmerzgekrümmt wich sie zurück.
Wo war Carl? Er musste dem Ganzen Einhalt gebieten. Auf ihn würden sie hören. Doch Carl stand mit verschränkten Armen da und sah zu, wie seine Kameraden die beiden Kroaten verprügelten. Sie lagen längst am Boden und bluteten aus mehreren Wunden. Josips linkes Auge war zugeschwollen.
In einem der Schläger erkannte Kristin die Bulldogge, die bei der ersten Veranstaltung gesprochen hatte. Bei ihm wunderte sie sich nicht, dass er die beiden mit den Stiefeln traktierte.
Kristin kämpfte mit den Tränen. Wie dumm sie doch gewesen war! Sie hatte sich tatsächlich eingeredet, Carl würde nur ein paar Sprüche gegen Ausländer klopfen, Flugblätter und Musik verteilen. Gewalttätig waren nur die anderen; die Bulldogge und irgendwelche Ekelpakete? Ja klar! Warum zum Teufel hätte er sich dann mit denen abgeben sollen?
Kristin wurde klar, dass sie Carl überhaupt nicht kannte. Was ging wirklich in ihm vor? Die Sprüche, die Musik, das war das eine. Aber das hier? Das war etwas ganz anderes!

Warum sagte er seinen Freunden nicht, dass sie aufhören sollten?

Jemand hatte die Polizei alarmiert. Martinshörner ertönten und kamen immer näher.
„Verzieht euch“, rief Carl seinen Leuten zu. „Die Bullen rücken an.“
Alle Schläger bis auf die Bulldogge rannten davon. Der Skinhead gab Josip noch einen letzten Tritt ins Kreuz. „Das lehrt dich, unsere Frauen anzufassen“, sagte er.
Kristin war entsetzt, wie hasserfüllt seine Stimme klang.
„Hör auf“, sagte Carl. „Ich glaube, sie haben es kapiert.“
Die Bulldogge spuckte neben Josip auf den Boden und wischte sich den Schweiß von der Stirn. Dann rannte er davon.
Carl nahm Kristin nervös am Ellbogen. „Ich bring dich heim“, sagte er. Offenbar hatte er es ziemlich eilig, hier wegzukommen. Kein Wunder …
„Was ist mit ihnen?“, brachte Kristin hervor und deutete auf die beiden Kroaten. Sie lagen stöhnend auf dem Boden.

Mit quietschenden Reifen hielten zwei Streifenwagen vor ihnen.
„Die Bullen kümmern sich schon drum", erwiderte Carl ungeduldig. „Nun komm schon, bevor die Probleme machen!" Er griff nach ihrer Hand, doch Kristin riss sich los.
„Führ dich nicht auf", zischte Carl. „Willst du den Bullen erklären, was passiert ist? Dann hockst du die ganze Nacht auf dem Revier!"
Kristin warf einen scheuen Blick auf die Beamten, die aus dem Auto gesprungen waren und sich über Josip und Marko beugten. Einer lief zum Wagen zurück und sagte etwas ins Funkgerät. Kristin konnte das Wort „Rettungswagen" aufschnappen. Sie ließ sich von Carl mitziehen. Doch ein paar Straßen weiter stieß sie ihn fort.
„Wie kann man nur so brutal sein? Die beiden haben mir nichts getan!", schrie sie und konnte die Tränen nicht länger zurückhalten.
„Oh doch, sie haben dich angefasst. Und wer weiß, was sie noch alles mit dir angestellt hätten", antwortete Carl empört. „Diesem Abschaum muss man sofort Einhalt gebieten."
„Schwachsinn", gab Kristin zurück. „Ich kenn sie von der Schule. Die sind absolut harmlos.

Klar, sie haben eine große Klappe, aber mehr ist da nicht."
„Ausländer verstehen nur eine Sprache", sagte Carl. „Gewalt. Kapierst du das etwa immer noch nicht?"
„So ein Quatsch", schrie Kristin und wischte sich die Tränen aus den Augen. „Gewalt ist nie eine Lösung." Sie ließ Carl stehen und lief weg.
Ihr wurde klar, dass sie sich die ganze Zeit selbst belogen hatte. Carl war nicht der liebe, harmlose Kerl, für den sie ihn gerne gehalten hätte.
Kristin gestand sich ein, dass sie Carl und die Gruppe unterschätzt hatte. Sie hatte sich mit strammen Neonazis eingelassen.

10

Kristin konnte die halbe Nacht nicht schlafen. Sie rechnete ständig damit, dass es klingelte und die Polizei vor der Tür stand. Immerhin hatte Josip sie gesehen!
Am Morgen war sie wie gerädert. Von den Bullen keine Spur. Hatte Josip sie womöglich gar nicht erwähnt? Aber sie war die Einzige, die er kannte …
Den ganzen Morgen hatte Kristin Bauchschmerzen. Diesmal jedoch aus Angst vor den Folgen des abendlichen Vorfalls. Als die Polizei auch am Nachmittag noch nicht aufgetaucht war, beschloss Kristin, dass Josip dichtgehalten hatte. Vielleicht wollte er das selbst regeln.

Carl rief mehrmals an. Sie war versucht, dranzugehen. Vielleicht tat ihm alles leid? Vielleicht hatte er kapiert, was seine Leute getan hatten? Manchmal vermisste sie ihn trotz allem …
Aber dann dachte sie an die Schlägerei. Nein, sie wollte nichts mehr mit ihm zu tun haben. Auch wenn es verdammt weh tat.

Zwei Tage nach der Schlägerei erhielt Kristin mehrere SMS: „Melde dich! Carl“
„Könnte dir so passen“, murmelte Kristin und löschte die Nachrichten.
Am dritten Tag wurde der Ton deutlicher: „So einfach kommst du nicht davon!“
Kristin bekam Herzklopfen, als sie die Nachricht las. War das eine Drohung? Ach was, Carl versuchte nur, sie zurückzugewinnen. Sollte er nur! Er glaubte doch nicht im Ernst, dass das so funktionierte!?

Kristins Laune war ziemlich mies. Als Julian sie am Morgen des vierten Tages auf Carl ansprach, explodierte sie. „Wann kümmerst du dich endlich um deinen Kram?“, rief sie. „Wie oft muss ich es dir denn noch sagen?“
Julian starrte sie fassungslos an. Kristin bekam ein schlechtes Gewissen. Aber sie war auch sauer. Julian hatte Recht behalten. Mal wieder. Sie hingegen schien die Blöde zu sein, die nicht wusste, auf was sie sich eingelassen hatte.
„Lasst mich endlich alle in Frieden“, rief sie und knallte die Haustür zu.

Dabei wäre es so einfach gewesen. Sie hätte nur sagen müssen: „Tut mir leid, ich hab Mist gebaut“, und alles wäre gut gewesen. Aber das brachte Kristin einfach nicht über sich. Sie schämte sich, weil sie die Augen verschlossen hatte. Weil sie nie den Mut gehabt hatte, nachzuhaken. Weil sie Carls Ausreden glauben wollte. Das machte sie wütend. Wütend auf Julian, auf ihre Mutter, selbst auf ihre Geschwister – aber eigentlich war sie nur auf sich selbst wütend.

Karim und Salima schienen sich regelrecht gegen sie verschworen zu haben. Karim warf beinahe täglich Geschirr zu Boden. Am Abend versuchte er dann, Kristin die Schuld zu geben. Zum Glück besaßen sie keine wertvollen Sachen.
Salima hingegen hatte sich aus Kristins Kleiderschrank bedient. Erst dachte Kristin, ihr rotes Lieblingsshirt sei in der Wäsche. Doch dann fehlten auch ein blaues und ein weißes T-Shirt mit Stickerei.
„Mama? Hast du meine T-Shirts gesehen?“, rief Kristin.

„Welche?“
Kristin beschrieb sie. Ihre Mutter verneinte. Salima machte im Wohnzimmer mit Julians Hilfe Hausaufgaben. Ihre Mutter hatte ihn darum gebeten, und natürlich hatte Julian „Ja“ gesagt. Musste er eigentlich immer so nett sein? Und so hilfsbereit?
Kristins Blick fiel eher zufällig auf das Gesicht ihrer Schwester. Es spiegelte eine Mischung aus schlechtem Gewissen und Triumph wider.
„Weißt du was drüber?“, fragte Kristin sie.
Salima schüttelte den Kopf. Ihr Pferdeschwanz flog hin und her. Aber sie konnte sich ein Grinsen nicht verkneifen.
„Du weißt was“, rief Kristin und stürzte ins Zimmer. Sie packte die Schwester am Arm.
„Aua!“, rief Salima. „Du tust mir weh.“
„Sag sofort, wo meine T-Shirts sind“, donnerte Kristin.
Salima brüllte los. Ihre Mutter kam ins Zimmer und zog Kristin von der Jüngsten weg.
„Lass sie los.“
Salima heulte laut und rieb sich demonstrativ den Arm.
„Tu nicht so“, sagte Kristin ohne Mitleid. „Man sieht ja gar nichts.“

„Tut trotzdem weh“, schniefte Salima.
„Sag lieber, wo meine Shirts sind.“
„Weiß nich“, zischte Salima.
Kristin wollte sich wieder auf die kleine Schwester stürzen, doch ihre Mutter hielt sie davon ab.
Kristin stürmte die Treppe hinauf, in Salimas Zimmer. Ihre T-Shirts lagen auf dem Schrankboden. Nach unten nahm Kristin drei Stufen auf einmal.
„Du bist echt ein schmarotzender Bastard“, brüllte sie und hielt die Oberteile hoch.
Für einige Sekunden schien die Zeit stehen zu bleiben. Kristin bereute sofort, was sie gesagt hatte.
Salima schaute ihre Mutter an und schien auf eine Reaktion von ihr zu warten.
Julian machte mehrmals den Mund auf und dann wieder zu. Aber er brachte keinen Ton hervor.
„Raus.“ Ihre Mutter war kaum zu hören, dennoch hatte jeder im Raum sie deutlich verstanden.
„Ich …“, begann Kristin, besann sich dann eines Besseren. Wortlos drehte sie sich um und verließ das Haus.

Verdammt, wie hatte es so weit kommen können? War sie etwa von Carls Gerede infiziert?

„Kris, warte." Julian. Auch das noch!

„Lass mich in Frieden!" Wie oft hatte sie ihm das schon gesagt? War er taub?

„Warte doch mal", sagte er.

Kristin war überrascht, weil er so freundlich klang. Besorgt, irgendwie. Sie blieb stehen, drehte sich aber nicht um.

„Was ist nur los mit dir?" Julian stand dicht hinter ihr, berührte sie aber nicht.

Kristin zuckte mit den Schultern. Sie wusste es ja selbst nicht.

„Hast du mit ihm Schluss gemacht?"

Wütend drehte Kristin sich um. „Geht's dir nur darum? Dass ich nicht mehr mit ihm zusammen bin?"

Julian schaute ihr direkt ins Gesicht. „Na ja, lieber wär's mir schon."

„Und warum?", wollte Kristin wissen.

„Er ist ein schlechter Umgang."

„Du redest wie meine Mutter", sagte Kristin spöttisch.

„Du hast dich verändert", meinte Julian. „Und nicht unbedingt zu deinem Vorteil."
„Du lieber Himmel", rief Kristin. „Hast du noch ein paar kluge Sprüche drauf?"
Julian schwieg. Kristin hätte gerne etwas Nettes gesagt, aber ihr fiel nichts ein.
„Ich mach mir echt Sorgen um dich", stieß Julian hervor. „Und deine Mutter auch."
Obwohl Kristin gerührt war, fragte sie provozierend: „Was kümmert's dich, was mit mir los ist? Ich bin alt genug. Ich kann auf mich selber aufpassen."
Julian gab einen knurrenden Laut von sich, der alles bedeuten konnte. „Willst du denn wirklich zu Leuten gehören, die andere grundlos verprügeln?", wollte er wissen.
Am liebsten hätte Kristin den Kopf geschüttelt und gerufen: „Nein! Natürlich nicht!" Aber irgendetwas an Julians Haltung ärgerte sie.
„Ich hab Carl gesagt, dass ich Gewalt nicht okay finde", sagte sie.
Julian schaute sie überrascht an. Kristin lächelte überlegen.
„Und? Hat er versprochen, es nicht mehr zu tun?", wollte Julian wissen, als sie nichts sagte.

„Klar“, behauptete Kristin. „Außerdem hat er gar nicht mitgeprügelt.“
„Nee, er hat nur danebengestanden und zugeguckt.“
Kristin fragte sich, woher Julian das alles wusste. Wahrscheinlich redeten in der Schule alle davon …
Sie wollte sich abwenden. „Ich muss los“, sagte sie. Sie würde einfach ein paar Stunden in der Stadt herumstromern. Sollten sie sich doch alle Gedanken machen!

Julian ergriff ihre Hand. „Gissi“, sagte er leise.
Kristin durchfuhr ein Schauer. Es war Julians Name für sie seit Kindertagen. Als sie klein waren, hatte er ihren Namen nicht richtig aussprechen können. Es war bei Gissi geblieben. Bis vor ein paar Wochen. Jetzt klang es wie eine Liebkosung.
„Was ist?“, knurrte sie.
„Die sind echt gefährlich“, fuhr Julian fort. „Und Carl ist ihr Anführer. Er macht einen auf nett, um neue Mitglieder für die Gruppe zu gewinnen.“

„Bitte was?“, zischte Kristin und zog ihre Hand schlagartig zurück.
„Ich hab neulich mit einer von der Schule geredet“, sagte Julian. Er hob die Hände, als Kristin etwas sagen wollte. „Es war reiner Zufall, ich schwör’s. Sie hat mir von einer rechten Gruppe erzählt. Als der Name Carl fiel, bin ich hellhörig geworden. – Der Typ macht nur einen auf harmlos. Der ist ein ganz Ausgebuffter.“
„Was soll’n das heißen?“
„Dass er so tut, als wäre er lieb und nett. In Wahrheit rekrutiert er neue Leute.“
Kristin funkelte Julian wütend an. „Du willst ihn ja nur schlechtmachen, damit ich mich von ihm trenne“, rief sie. „Selbst wenn ich nicht mehr mit ihm zusammen wär – ich würd ganz sicher nicht mit dir gehen. Du bist mir einfach zu langweilig!“
Kristin sah deutlich, wie sehr sie Julian getroffen hatte. Sie wusste nicht, warum sie so sauer auf ihn war. Egal, was er tat oder sagte – sie war genervt …
Vielleicht lag es daran, dass sie alles voneinander wussten. Sie waren von klein auf immer zusammen gewesen. Julian war ein

Jahr älter als sie. Kristin war ihm in den Kindergarten gefolgt, später auch auf dieselbe Grundschule. Immer war er der Erste gewesen, immer hatte er alles besser gewusst …

„Ich kenn dich einfach viel zu gut", fügte Kristin hinzu. „Du weißt jetzt schon, dass du mal die Schreinerei deiner Eltern übernehmen wirst. Das ist so öde! Ich will was erleben!"

Kristin ließ Julian stehen und lief weg.

Sie stand lange vor Carls Haus. Sollte sie oder sollte sie nicht? Ein letztes Mal mit ihm reden. Wer weiß, was er zu sagen hatte? Doch dann entschloss sie sich, dieses Kapitel endgültig abzuschließen. Sie lief ein paar Stunden durch die Stadt und schlich sich kurz vor Mitternacht in ihr Zimmer.

Am nächsten Morgen versuchte sie ein paar Mal, Friederike zu erreichen, weil sie hoffte, durch sie mehr zu erfahren. Und Kristin hoffte, dass sie genauso erschüttert war wie sie selbst. Aber Friederike ging nicht ans Telefon und rief auch nicht zurück.

11

Zu Hause herrschte eine Art Waffenstillstand. Die T-Shirts hatten frisch gewaschen auf Kristins Bett gelegen. Sie wurden nicht mehr erwähnt.

Kristin erfüllte wieder brav ihre häuslichen Pflichten: Sie kümmerte sich um ihre Geschwister, warf die Waschmaschine an und hängte die nasse Wäsche auf. Sogar das Bügeln nahm sie sich vor. Dabei hasste sie es wie nichts auf der Welt.

Doch Salima schien eine schlimme Phase durchzumachen. Sie nutzte jede Gelegenheit, um Kristin zu ärgern.

„Ich will Saft“, forderte sie, als Kristin ihr einen Teller mit Spaghetti hinstellte.

„Es heißt ‚Bitte‘ und ‚Ich möchte‘“, gab Kristin zurück.

„Ich will Saft“, wiederholte Salima und schaute die große Schwester herausfordernd an.

„Mistkröte“, dachte Kristin und stellte Salima ein Glas Wasser hin.

„Saft“, sagte diese.

„Vergiss es“, erwiderte Kristin und wandte sich ab. Als sie sich zwei Minuten später

umdrehte, hatte Salima das Wasser über ihre Nudeln gegossen. In ihrem Teller schwamm ein ekliger Matsch.
„Du bist so ein Schwein“, schimpfte Kristin.
„Ich mag das nicht essen“, jammerte Salima und patschte mit dem Löffel in der Pampe herum.
„Dein Pech“, sagte Kristin. Sie nahm den Teller, goss die Flüssigkeit in die Spüle und kippte den Rest in den Mülleimer. „Dann gibt’s eben nichts zu essen.“
Salima begann zu weinen, aber Kristin achtete nicht darauf.
„Mach deine Hausaufgaben“, sagte sie.
„Wenn du fertig bist, kriegst du was.“
„Du bist so blöd!“, stieß Salima hervor.
„Kann schon sein“, gab Kristin gleichmütig zurück. „Was hast du auf?“
„Sag ich dir nicht“, triumphierte Salima.
„Als wenn’s mich interessieren würde“, dachte Kristin.
„Julian kommt und hilft mir“, fuhr Salima fort.
„Der ist immer nett zu mir.“
„Klar, der ach so nette Julian!“, dachte Kristin und sagte laut: „Fein, dann muss ich mich ja nicht um dich kümmern.“ Sie schob Salima

zur Küche hinaus und ging in ihr Zimmer, um Musik zu hören.

Plötzlich übertönte ein Geräusch, das an zerbrechendes Glas erinnerte, die Musik. Von unten kam ein lauter Schrei.
„Verdammt, Salima, was hast du denn jetzt wieder angestellt?“, murmelte Kristin. Was trieb ihre Schwester da unten?
Sie rannte hinunter. Es war verdächtig ruhig.
„Salima? Was treibst du? Ich hab echt die Nase …“ Kristin blieb das Wort im Hals stecken. Das Wohnzimmerfenster bestand nur noch aus einzelnen Scherben am Rand, der Rest lag verteilt auf dem Boden. Inmitten der Glassplitter lag Salima auf dem Bauch. Das Gesicht war von ihr abgewandt. Sie wimmerte leise.
„Was ist denn hier los?“, rief Kristin und rannte zu ihrer Schwester. Der Schreck fuhr ihr in die Glieder, als sie Salimas Gesicht sah. Es war blutüberströmt.
„Salima?“, rief sie und rüttelte an der Schulter ihrer Schwester. „Salima? Sag doch was!“
Salima bewegte sich langsam, aber sie

schien total unter Schock zu stehen. Sie brachte keinen Ton hervor. Kristin sah sich um. Neben dem Sofa lag ein großer Stein. Ihr Herz raste. Was ging denn hier ab?
Salima stöhnte. Kristin wandte sich wieder ihrer Schwester zu. „Salima? Was ist passiert, verdammt noch mal?“, fragte sie panisch.
„Fenster“, flüsterte Salima.
„Ja, das seh ich“, erwiderte Kristin, um Geduld bemüht. „Weißt du, wer das war?“
Salima schüttelte den Kopf und verzog dabei das Gesicht. Kristin zog die kleine Schwester vorsichtig von den Scherben weg. Sie nahm ein Kissen vom Sofa und bettete Salimas Kopf darauf.
„Bleib ruhig liegen, ja? Ich hol Hilfe.“
Sie stand auf und blieb einen Moment lang ratlos stehen. Was sollte sie nur tun?

„… Karim … Julian … Garten …“
Die Wortfetzen, die die Schwester von sich gab, drangen verzögert an Kristins Ohr.
„Was?“ Kristin schaute zur Uhr. Es war zwanzig nach vier, Karim müsste längst zu Hause sein. Die Mutter eines Freundes sollte

ihn vor der Türe absetzen. Eine Welle der Panik drohte über sie hinwegzuschwappen.
„Wo ist er?“, wollte sie von Salima wissen.
Die deutete nach draußen.
Verdammt! Wo war Karim?
Durch das zerbrochene Fenster sah sie Frau Eder, Julians Mutter.
„Hallo!“, schrie sie und winkte. „Frau Eder! Ich brauche Hilfe!“
Julians Mutter kam sofort angerannt. „Was ist denn hier los?“, fragte sie, als sie das kaputte Fenster sah.
Kristin zuckte nur mit den Achseln. „Ich muss Karim suchen“, sagte sie dann und lief hinaus.
„Ich ruf die Polizei und deine Mutter“, hörte sie Frau Eder rufen. „Und einen Arzt für die Kleine …“
„Karim? Karim, wo bist du?“ Sie blieb stehen und lauschte. „Verdammt, verdammt, verdammt“, flüsterte sie und biss sich fest auf die Lippen. Heulen brachte jetzt gar nichts!
„Karim?“, rief sie wieder, aber ihre Stimme klang ziemlich kläglich. Trotzdem erhielt sie eine Antwort. Sie drehte den Kopf hin und her. Woher kam das Geräusch? Sie hörte eine Art Wimmern.

„Karim?“ Es kam vom Schuppen her! Kristin lief los – und stolperte fast über Julian, der hinter dem alten, aufblasbaren Swimmingpool lag. Kristin stockte der Atem. Julian war offensichtlich verprügelt worden. Sein Gesicht sah irgendwie verschoben aus, vor allem der Mund. Das linke Auge war geschwollen, rechts klaffte eine Platzwunde.
Kristin spürte einen Stich in der Herzgegend. Mit einem Mal wurde ihr bewusst, wie viel Julian ihr bedeutete.
„Julian“, sagte sie, und es klang wie ein Schluchzer. Sie kniete sich neben ihn und nahm seine Hand. „Was ist denn … es … es tut mir so leid …“ Sie würde es sich niemals verzeihen, wenn Julian etwas Schlimmes passiert war!
Sein Gesicht war schmerzverzerrt. Doch Julian schien ihr Mitleid nicht haben zu wollen. Mit der freien Hand zeigte er Richtung Schuppen und versuchte, etwas hervorzubringen.
„Was sagst du? Ich kann dich nicht verstehen.“ Julian deutete auf seinen Kiefer, machte ein seltsames Geräusch, winkte dann mit der Hand und zeigte wieder auf den Schuppen.

Außerdem schob er Kristin von sich weg. Endlich kapierte sie. Sie sprang auf und rannte die paar Meter zum Schuppen. Als sie davorstand, zögerte sie kurz. Was würde sie dort vorfinden? Ihr Bauch schmerzte. Vorsichtig öffnete sie die Tür einen Spalt, horchte hinein. Nichts zu hören. Sie machte die Tür weiter auf.

„Hallo?“, sagte sie leise. Wimmern war die Antwort. „Karim? Bist du da?“

Es dauerte, bis ihre Augen an das Dämmerlicht gewöhnt waren. Doch dann sah Kristin eine kleine Gestalt, in eine Ecke gekauert. Sie hätte heulen können vor Erleichterung. Schnell lief sie zu ihrem kleinen Bruder. Ihm schien nichts zu fehlen. Dennoch fragte sie: „Karim, geht’s dir gut?“

Sie nahm ihn in den Arm und gab ihm einen Kuss auf die wirren Haare.

„Das war Glück im Unglück“, sagte der Notarzt zu Kristins Mutter. „Das hätte im wahrsten Sinne des Wortes ins Auge gehen können. Die Schnittwunden an der Hand Ihrer Jüngsten sind harmlos. Und am Kopf hat sie

nur eine kleine Platzwunde.“ Er schloss seine Tasche und gab Kristins Mutter die Hand. „Vermutlich hat sie sich mit der verletzten Hand an den Kopf gefasst, deshalb das ganze Blut. Wir behalten sie trotzdem über Nacht im Krankenhaus, zur Kontrolle. Dem Jungen fehlt gar nichts.“
Seit ihre Mutter aufgetaucht war, hatte Karim sich an sie geklammert. Als der Arzt ihm über den Kopf streichen wollte, zuckte er zurück.
„Außer dem Schock“, fügte der Notarzt leise hinzu.
„Was ist mit Julian?“, wollte Kristin wissen. Sie hatte schon wieder diesen riesigen Knoten im Bauch. Julian war mit einem Rettungswagen weggebracht worden, nachdem der Notarzt ihn untersucht hatte. Seine Mutter war mitgefahren.
„Ist das der Ältere?“, wollte der Arzt wissen. Und als Kristin nickte, fuhr er fort: „Wir müssen erst seinen Kopf röntgen. Aber ich vermute, sein Kiefer ist gebrochen. Er wird eine Weile nicht reden können.“ Er schaute Kristin ernst an. „So wie es aussieht, hat er aber verdammtes Glück gehabt.“

Kristin hatte plötzlich ein schlechtes Gewissen. Aber was konnte sie dafür, wenn ein paar Verrückte ausrasteten?
Der Notarzt verabschiedete sich von ihrer Mutter. „Wir bringen Ihre Tochter ins Elisabeth-Krankenhaus. Sie können jederzeit kommen und sie besuchen", sagte er.
„Warum fährst du nicht mit?", schlug Kristin vor.
„Ich bleibe erst mal hier", erwiderte ihre Mutter. „Die Polizei will unsere Aussage."
Kristin erschrak. Die Polizei? Was wollte die denn? Sie wussten doch gar nichts.

12

Der Polizist hieß Hans Wolf und war nett. Dennoch hatte Kristin Angst vor der Befragung. Irgendwie hatte sie das dumpfe Gefühl, dass sie in dieser Geschichte mit drinsteckte.

„Und du hast niemanden gesehen?“, fragte Herr Wolf zum wiederholten Male.

Kristin schüttelte den Kopf. „Nein. Ich war in meinem Zimmer und hab Musik gehört. Dann hab ich etwas klirren gehört und bin gleich runter. Da hab ich die Scherben gesehen, und Salima, wie sie da lag.“

Ein Kollege von Herrn Wolf hatte den Stein eingepackt und mitgenommen. „Zum Glück hat er niemanden getroffen. Vielleicht finden wir Fingerabdrücke“, hatte er gesagt.

„Was ist denn eigentlich passiert?“, wollte Kristins Mutter von Herrn Wolf wissen.

„So weit wir wissen, saß der Sohn Ihrer Nachbarn mit Ihrer Tochter hier im Wohnzimmer“, sagte der Beamte. „Da flog der Stein durch das Fenster. Der Junge lief vermutlich nach draußen, um die Übeltäter zu erwischen, und wurde dann von denen verprügelt.“

Julian. Er war so mutig. Und sie hatte sich so schäbig verhalten, ihm gegenüber …
Kristin holte tief Luft. „Und Karim?“, fragte sie.
„Der kam wohl gerade nach Hause und versteckte sich im Schuppen. Schlaues Kerlchen“, sagte Herr Wolf anerkennend.
„Können Sie denn schon sagen, ob Sie einen Verdacht haben?“, wollte Kristins Mutter wissen. „Ich meine – hat's das schon häufiger gegeben?“
Herr Wolf warf einen schnellen Blick auf Karim. Er stand immer noch dicht bei seiner Mutter.
„Es sieht alles nach einem rechtsextremen Hintergrund aus“, sagte Herr Wolf leise.
„Es gab da in letzter Zeit ähnliche Vorfälle; auch wenn es zum Teil nicht bei Steinen geblieben ist …“
Kristin wurde schlecht.

Während Herr Wolf den Schuppen inspizierte, lief sie schnell in ihr Zimmer. Dort war sie ungestört. Mit zitternden Händen wählte sie Carls Nummer und drückte den grünen Knopf.

„Ach was, das verlorene Schaf", meldete er sich betont heiter.
„Hör auf mit dem Gesülze", schrie Kristin ihn an. „Hast du was damit zu tun?"
„Was?" Carl markierte den Überraschten.
„Hast du was mit dem Anschlag auf uns zu tun?", brüllte Kristin.
Carl hatte immerhin den Anstand, nicht noch einmal nachzufragen.
„Ich hab dich gewarnt", sagte er. Seine Stimme klang eiskalt, komplett anders als noch einen Moment zuvor. „So leicht lassen wir unsere Leute nicht gehen."
„Ich gehöre nicht zu deinen Leuten!", rief Kristin. „Mit solchen Typen wie dir will ich nichts zu tun haben."
„Das hättest du dir früher überlegen sollen", sagte Carl. „Außerdem – was regst du dich auf? Es ist doch nichts passiert, oder? Ein paar Kratzer, das ist ja nun wirklich harmlos."
„Wo …, woher weißt du das?", stotterte Kristin. Unwillkürlich schaute sie sich um, aber da war natürlich niemand.
Carl lachte. Kristin fuhr ein kalter Schauer über den Rücken. Worauf hatte sie sich da nur eingelassen?

„Du bist echt ein Arschloch“, rief sie ins Telefon. „Lass mich und meine Familie in Ruhe!“
„Das hast du dir so gedacht“, erwiderte Carl. Kristin hatte Mühe, in dieser kalten Stimme den Jungen zu erkennen, den sie geliebt hatte. „Wie heißt es so schön? Mitgefangen, mitgehangen.“ Damit legte er auf.
Kristin warf ihr Handy auf den Schreibtisch, als sei es ein giftiges Insekt. Zitternd stand sie da und starrte zum Fenster hinaus.
Was sollte sie tun? Sollte sie etwas tun? Würde das nicht nur alles verschlimmern?

„Kristin?“ Ihre Mutter rief nach ihr.
„Ja“, rief Kristin. „Ich komme.“ Langsam ging sie hinunter. In ihrem Kopf drehte sich alles. Carls eisige Stimme hallte ständig wider: „Mitgehangen, mitgefangen.“
„Wo ist Herr Wolf?“, wollte Kristin wissen.
„Er ist weg“, sagte ihre Mutter und ging in die Küche. „Ich brauch jetzt erst einmal einen Kaffee.“ Sie kochte Kakao für Karim und Kristin und machte sich einen doppelten Espresso.

Sie saßen am Esstisch. Gedankenverloren nippte Kristin an ihrer Tasse. Ihre Mutter machte sich laut Gedanken über den Anschlag. „Ich versteh nicht, wer so etwas macht. Wir haben doch keinem was getan."
Sie schaute Kristin an. „Du erinnerst dich, was Julian zu mir gesagt hat? Wegen Carl?"
Kristin nickte nur.
„Du weißt, dass du mir alles sagen kannst", fuhr ihre Mutter fort und strich ihr sanft übers Gesicht.
Kristin nickte wieder. Sie konnte jetzt nicht reden, denn dann würde sie unweigerlich zu heulen anfangen. Andererseits musste ihre Mutter wissen, was los war. Geräuschvoll zog sie die Nase hoch und berichtete dann von dem Telefonat, das sie soeben mit Carl geführt hatte.
Die Mutter schwieg lange. „Julian hatte also Recht", sagte sie dann, um Fassung bemüht. „Ich hätte auf ihn hören sollen."
„Es tut mir leid", schluchzte Kristin.
„Du kannst ja auch nichts dafür." Ihre Mutter zögerte kurz, strich ihr dann noch einmal über den Kopf. „Du warst so verliebt. Da sieht man alles nur noch rosarot und kann

nicht klar denken. – Es ist irgendwo auch meine Schuld. Ich hätte ...“ Sie seufzte. Dann fuhr sie fort: „Diese Typen haben so viele Tricks auf Lager, oder? Sie drehen immer alles so, dass man meint, es sei schon in Ordnung.“

„Und was machen wir jetzt?“, fragte Kristin.

„Ich habe keine Ahnung“, sagte ihre Mutter. Sie starrte gedankenverloren aus dem Fenster. „Vielleicht wissen ja Eders eine Lösung.“ Sie stand auf. „Ich geh mal rüber.“

„Ich komme mit“, rief Kristin. Um nichts in der Welt würde sie allein im Haus bleiben.

Zu dritt gingen sie zu ihren Nachbarn. Julians Mutter war noch im Krankenhaus. Sie hatte aber angerufen und gesagt, dass es Julian den Umständen entsprechend gut gehe. Kristin war dankbar, dass Herr Eder ihr keine Vorwürfe machte. Wie schon ihrer Mutter berichtete sie auch dem Nachbarn von Carl und seiner Gruppe.

„Ihr müsst damit zur Polizei“, sagte er schließlich. „Diesem Treiben muss sofort ein Ende bereitet werden.“

Kristin verzog das Gesicht. Sie hasste den Geruch von Krankenhäusern. Aber es war ein kleines Opfer für Julian …

Zimmer 487, das musste es sein. Schüchtern klopfte sie und öffnete die Tür einen Spalt. Julian lag im mittleren Bett. Sein Kopf war bandagiert, vor allem um den Unterkiefer herum. Das linke Bett war unbenutzt, im rechten lag ein älterer Mann und schlief.

Julian sah ihr entgegen. Kristin legte einen Blumenstrauß auf die Bettdecke. „Tut mir leid, die sind schon ganz zerdrückt“, sagte sie verlegen.

Julian gab einen grunzenden Laut von sich. Dann deutete er mit der Rechten zu einem Tisch, um den vier Stühle standen. Kristin holte sich einen Stuhl und setzte sich neben das Bett.

„Geht's dir gut?“, sagte sie.

Julian hob die Augenbrauen. Dann deutete er zum Nachtkästchen. Kristin entdeckte einen Block und einen Stift. Sie nahm beides und reichte es ihm.

„Ging schon mal besser“, schrieb Julian.

„Es tut mir so leid“, sagte Kristin. Sie wusste nicht, was sie anderes sagen sollte. Sie

schwieg eine Weile, dann fragte sie leise: „Ich hab mich saublöd benommen, oder?“
Julian nickte nur.
„Und jetzt können wir noch nicht mal was gegen die Typen tun.“
Julian schaute sie fragend an.
„Na ja“, sagte Kristin. „Einen Verdacht habe ich natürlich geäußert. Die Polizei ist wohl auch schon bei Carl gewesen – so schnell wird der sich nicht mehr trauen, auf uns loszugehen, hoffe ich ... Aber ohne Beweise kann die Polizei letztendlich nicht viel machen.“
Julian schaute immer noch fragend.
Verlegen zupfte Kristin an ihrem T-Shirt. „Salima hat einen der Typen gesehen, aber Mama will nicht, dass sie aussagt“, fügte sie hinzu. Sie zögerte, fuhr dann fort: „Und ich will das auch nicht.“
Julian nahm den Block und schrieb etwas, hielt ihn dann Kristin hin. „Ich sage aus, sobald ich wieder reden kann.“
Kristin schaute ihn entsetzt an. „Nein, das lasse ich nicht zu“, rief sie.
Julian hielt den Finger an den Mund.
Erschrocken schaute Kristin zu dem alten

Mann, aber der schien einen gesunden Schlaf zu haben. Sie schnitt eine Grimasse. Julian klopfte mit der Hand auf den Block und nickte.

„Willst du das wirklich tun?"

Julian nickte. Dann schrieb er: „Das kann man denen nicht durchgehen lassen."

„Aber du kannst doch gar nichts dafür", sagte Kristin. „Es ist doch alles meine Schuld."

„Es geht nicht um Schuld, es geht ums Prinzip", schrieb Julian. „Außerdem sind wir sonst nie sicher vor denen."

Er sah ihr fest in die Augen, und plötzlich kamen Kristin die Tränen.

„Es tut mir so leid", schluchzte sie wieder. Wie oft hatte sie sich in den letzten Stunden wohl entschuldigt? Ihr fehlten einfach die Worte …

Julian legte einen Finger auf ihre Lippen. „Schluss mit Entschuldigungen", schrieb er dann. „Jeder macht mal Fehler."

„Okay", sagte Kristin leise und nahm seine Hand. Sie hatte solche Angst gehabt. Dass er ihr nicht verzeihen würde. Dass er nichts mehr mit ihr zu haben wollte …

„Sind wir noch Freunde?", fragte sie zaghaft.

Julian legte den Kopf schief, schaute erst sie an, dann zur Decke.
Kristin hielt den Atem an. Musste er wirklich erst überlegen? Verdient hätte sie es ja …
Julian hatte wieder zum Block gegriffen und etwas geschrieben. Doch er zögerte.
„Was ist?“, fragte Kristin.
Der Blick, den er ihr zuwarf, war seltsam. Schließlich reichte er ihr den Block. Kristin hatte plötzlich Herzklopfen.
„Du weißt, wie ich darüber denke“, stand da.
„Du meinst …?“, fragte Kristin atemlos.
Julian nickte.
Kristin fühlte sich auf einmal leicht und froh. Sie griff nach Julians Hand und sagte: „Ich war so dumm. Ich hab’s einfach nicht kapieren wollen. Wir sind schon so lange mehr als nur Freunde …“
Julian ließ ihre Hand los, nahm den Block an sich und kritzelte noch etwas darauf. „Mit dem Küssen wird es halt etwas dauern“, las Kristin. Dahinter hatte Julian noch ein etwas schräg schauendes Smiley gemalt.
Sie lachte. Das erste Mal seit langer Zeit wieder. „Macht nichts. Ich hab dich trotzdem lieb, Julian“, flüsterte sie.

K.L.A.R. – Kurz. Leicht. Aktuell. Real.

Kurze, einfache Texte zu aktuellen Themen – dafür stehen die Romane aus der K.L.A.R.-Reihe. Taschenbücher, die spannend und leicht verständlich sind, machen Lust aufs Lesen!

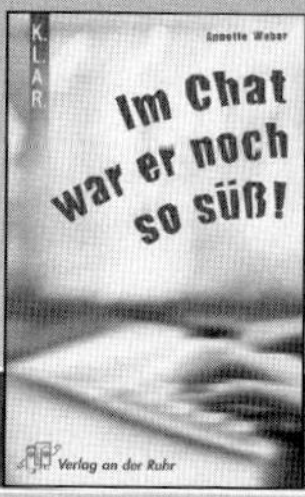

Im Chat war er noch so süß!

Annette Weber
12–16 J., 95 S.,
12 x 19 cm, Paperback
ISBN 978-3-8346-0065-3
Best.-Nr. 60065
5,– € (D)/
5,15 € (A)/9,30 CHF

Sauf ruhig weiter, wenn du meinst!

Annette Weber
12–16 J., 85 S.,
12 x 19 cm, Paperback
ISBN 978-3-86072-875-8
Best.-Nr. 2875
5,– € (D)/
5,15 € (A)/9,30 CHF

Und schneller als die Bullen waren wir auch!

Kurt Wasserfall
12–16 J., 105 S.,
12 x 19 cm, Paperback
ISBN 978-3-8346-0168-1
Best.-Nr. 60168
5,– **€** (D)/
5,15 € (A)/9,30 CHF

Aber ich bin doch selbst noch ein Kind!

Annette Weber
12–16 J., 97 S.,
12 x 19 cm, Paperback
ISBN 978-3-86072-977-9
Best.-Nr. 2977
5,– € (D)/
5,15 € (A)/9,30 CHF

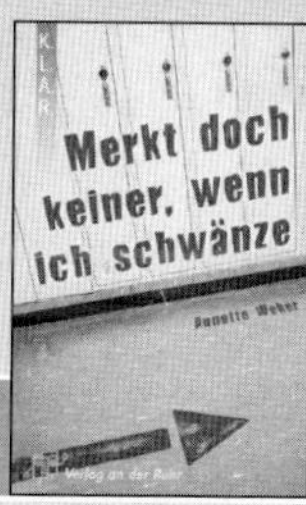

Merkt doch keiner, wenn ich schwänze.

Annette Weber
12–16 J., 97 S.,
12 x 19 cm, Paperback
ISBN 978-3-8346-0036-3
Best.-Nr. 60036
5,– € (D)/
5,15 € (A)/9,30 CHF

Bist du schwul, oder was!

Frank G. Pohl
12–16 J., 106 S.,
12 x 19 cm, Paperback
ISBN 978-3-8346-0444-6
Best.-Nr. 60444
5,– € (D)/
5,15 € (A)/9,30 CHF

Weitere Titel aus der K.L.A.R.-Reihe

Meine Mutter säuft doch nicht!

Petra Bartoli y Eckert
12–16 J., 96 S.,
12 x 19 cm, Paperback
ISBN 978-3-8346-0642-6
Best.-Nr. 60642
5,– € (D)/
5,15 € (A)/9,30 CHF

Im Netz gewinn ich jeden Fight!

Armin Kaster
12–16 J., 112 S.,
12 x 19 cm, Paperback
ISBN 978-3-8346-0503-0
Best.-Nr. 60503
5,– € (D)/
5,15 € (A)/9,30 CHF

Den haben wir voll abgezogen!

Wolfgang Kindler
12–16 J., 96 S.,
12 x 19 cm, Paperback
ISBN 978-3-8346-0448-4
Best.-Nr. 60448
5,– € (D)/
5,15 € (A)/9,30 CHF

Dann zieh ich eben zu Dad!

Annette Weber
12–16 J., 106 S.,
12 x 19 cm, Paperback
ISBN 978-3-8346-0507-8
Best.-Nr. 60507
5,– € (D)/
5,15 € (A)/9,30 CHF

Ich will so sexy sein wie ihr!

Anna Siebenstein
12–16 J., 96 S.,
12 x 19 cm, Paperback
ISBN 978-3-8346-0527-6
Best.-Nr. 60527
5,– € (D)/
5,15 € (A)/9,30 CHF

Zur Vertiefung der Romane im Unterricht erhalten Sie von uns sofort einsetzbare ***Arbeitsmaterialien****. Außerdem sind auf unserer Homepage* ***Hörproben*** *der K.L.A.R.-Romane als MP3-Download verfügbar.*

Es gelten die Preise auf unserer Internetseite.

Verlag an der Ruhr — Bücher für die pädagogische Praxis

Alexanderstr. 54 • 45472 Mülheim an der Ruhr
Tel.: 0521/97 19 330 • Fax: 0521/97 19 137
E-Mail: bestellung@cvk.de
www.verlagruhr.de